Ginette Rochon

Français, 2e année du 2e cycle du primaire

Les trésors de la grammaire 4

3e ÉDITION

LES ÉDITIONS CEC

9001, boul. Louis-H.-La Fontaine, Anjou (Québec) Canada H1J 2C5
Téléphone : 514-351-6010 • Télécopieur : 514-351-3534

Direction à l'édition
Catherine Goyette (3e édition)
Danielle Guy (2e édition)
Pierre-Marie Paquin (1re édition)

Direction de la production
Danielle Latendresse (1re, 2e et 3e éditions)

Direction de la coordination
Rodolphe Courcy (3e édition)

Charge de projet
Sylvie Brousseau (3e édition)
SEDG (2e édition)
Pierre-Marie Paquin (1re édition)

Révision linguistique
Raymonde Abenaim (3e édition)

Correction d'épreuves
Marie Pedneault (3e édition)
Monique La Grenade (1re édition)

Conception et réalisation graphique

matteau parent
graphisme et communication

Geneviève Guérard (concept original et couverture) (2e et 3e éditions)
Nancy Lafontaine (réalisation graphique) (2e édition)

interscript

(réalisation graphique) (3e édition)

Le groupe *FLEXIDÉE* ltée (1re édition)

Illustrations
Jean-Paul Eid

REMERCIEMENTS
Les auteures et l'Éditeur tiennent à remercier les personnes
suivantes pour leur collaboration au projet.

Consultation pédagogique
Isabelle Gareau, enseignante, école Judith-Jasmin
José Paquin, enseignante, école Saint-Jean-Baptiste-de-la-Salle
Karine Bourassa, enseignante, école Prévost

Consultation scientifique
Raymonde Abenaim

Les trésors de la grammaire,
Cahier d'activités
2e année, 2e cycle, 3e édition
© 2013 les Éditions CEC inc.
9001, boul. Louis-H.-La Fontaine
Anjou (Québec)

Dépôt légal : 2013
Bibliothèque et Archives nationales du Québec
Bibliothèque et Archives Canada

ISBN 978-2-7617-6113-0 Cahier d'activités, 3e édition, 2013
ISBN 978-2-7617-2997-0 Cahier d'activités, 2e édition, 2010
ISBN 2-7617-2256-6 Cahier d'activités, 1re édition, 2005

Imprimé au Canada
3   4   5   6   7   20   19   18   17   16

Table des matières

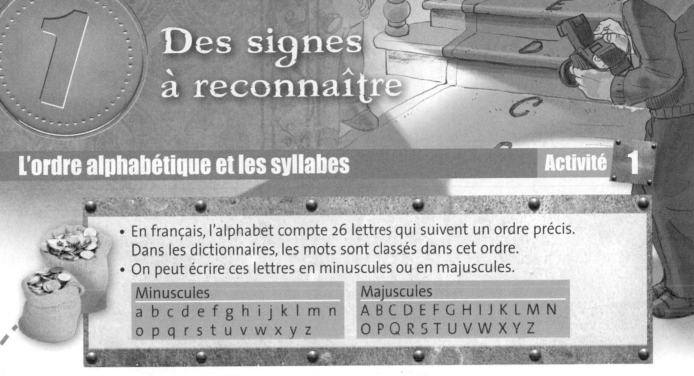

Des signes à reconnaître

L'ordre alphabétique et les syllabes

- En français, l'alphabet compte 26 lettres qui suivent un ordre précis. Dans les dictionnaires, les mots sont classés dans cet ordre.
- On peut écrire ces lettres en minuscules ou en majuscules.

Minuscules	Majuscules
a b c d e f g h i j k l m n	A B C D E F G H I J K L M N
o p q r s t u v w x y z	O P Q R S T U V W X Y Z

1 Coche la case appropriée.

Dans un dictionnaire :

	Vrai	Faux
a) le mot *journal* est **après** le mot *journée* ;		
b) le mot *provisoire* est **avant** le mot *provision* ;		
c) le mot *maison* est **entre** le mot *maçon* et le mot *marché* ;		

Une syllabe est composée d'une ou de plusieurs lettres que l'on prononce d'un seul coup de voix. Chaque syllabe doit contenir au moins une voyelle.
Ex. : *pa / ti / noi / re*

2 Classe les mots suivants selon le nombre de syllabes qu'ils contiennent.

- dinosaure
- toit
- commencer
- majuscule
- manteau
- moustache
- gamin
- sœur

1 syllabe	2 syllabes	3 syllabes	4 syllabes

Différentes graphies

On appelle « graphies » les différentes façons d'écrire un même son.
Ex. : *amande* et *amende*

1 Trouve trois graphies du son « é ». Ensuite, écris deux mots contenant ces graphies.

Ex. : [é] = **é**   ét**é**   **élé**phant

a) [é] = _____   _____   _____

b) [é] = _____   _____   _____

c) [é] = _____   _____   _____

2 Trouve quatre graphies du son « è ». Ensuite, écris deux mots contenant ces graphies.

Ex. : [è] = **è**   m**è**re   rivi**è**re

a) [è] = _____   _____   _____

b) [è] = _____   _____   _____

c) [è] = _____   _____   _____

d) [è] = _____   _____   _____

3 Trouve quatre graphies du son « in ». Ensuite, écris deux mots contenant ces graphies.

Ex. : [in] = **in**   mar**in**   pat**in**

a) [in] = _____   _____   _____

b) [in] = _____   _____   _____

c) [in] = _____   _____   _____

d) [in] = _____   _____   _____

4 Complète l'énoncé suivant.

Devant les lettres *b* et *p*, les lettres *an, en, in, on, un* et *yn* sont remplacées par :

_____, _____, _____, _____, _____ et _____.

5 Complète les mots suivants avec **s** ou **ss**, selon le cas. Utilise un dictionnaire au besoin.

a) mai____on

b) gli____er

c) aver____e

d) A____iatique

e) u____ine

f) maladre____e

g) ob____erver

h) pa____ion

i) Éco____ai____e

j) dé____intére____é

k) bri____ure

l) gymna____tique

6 Observe les mots de l'exercice 5 afin de compléter les énoncés suivants.

• Un seul **s** donne le son « z » quand il est entre _____.

• Pour obtenir le son « s » entre deux voyelles, il faut _____.

7 Complète les mots suivants avec **c, k, q** ou **qu**, selon le cas. Utilise un dictionnaire au besoin.

a) cin____

b) ban____e

c) co____

d) Afri____ain

e) ____estion

f) ____araté

g) ____ios____e

h) en____ore

i) ____angourou

j) éle____tri____e

k) ____al____ul

l) pi____ûre

8 Complète les mots suivants avec **c, ç, s** ou **ss**, selon le cas. Utilise un dictionnaire au besoin.

a) ____èdre

b) bon____oir

c) re____u

d) Fran____aise

e) ma____on

f) care____e

g) ____ervice

h) ____ylindre

i) pare____e

j) balan____e

k) ____au____i____on

l) ____erf

9 Observe les mots des exercices 7 et 8 afin de compléter les énoncés suivants.

• Le **c** est dur devant les voyelles _____.

• Le **c** est doux devant les voyelles _____.

10 Complète les mots suivants avec **g** ou **gu**, selon le cas. Utilise un dictionnaire au besoin.

a) oura____an

b) mar____erite

c) ____orille

d) bla____e

e) ai____u

f) ai____ille

g) ____épard

h) ____arçon

i) ____êpe

j) escar____ot

k) ____illemet

l) catalo____e

11 Complète les mots suivants avec **g** ou **ge**, selon le cas. Utilise un dictionnaire au besoin.

a) feuilla____e

b) ____itan

c) pi____on

d) a____ent

e) rou____âtre

f) ____ymnase

g) ____irouette

h) oran____ade

i) bour____on

j) ga____ure

k) na____oire

l) a____ile

12 Observe les mots des exercices 10 et 11 afin de compléter les énoncés suivants.

• Le **g** est dur devant les voyelles _____.

Pour obtenir un **g** doux devant ces voyelles, on ajoute un ____.

• Le **g** est doux devant les voyelles _____.

Pour obtenir un **g** dur devant ces voyelles, on ajoute un ____.

13 Complète les mots suivants avec **f** ou **ph**, selon le cas. Utilise un dictionnaire au besoin.

a) télé____one

b) ____umée

c) ____oque

d) al____abet

e) ca____etière

f) ____otocopieur

g) ____aucon

h) ____énomène

i) ____able

j) ____armacie

k) per____orer

l) agra____euse

Les signes orthographiques

- **Accent aigu**
  Ex. : *étoile*

  é

- **Accent grave**
  Ex. : *père, voilà, où*

  è, à, ù

- **Accent circonflexe**
  Ex. : *pêche, château, drôle, chaîne, goût*

  ê, â, ô, î, û

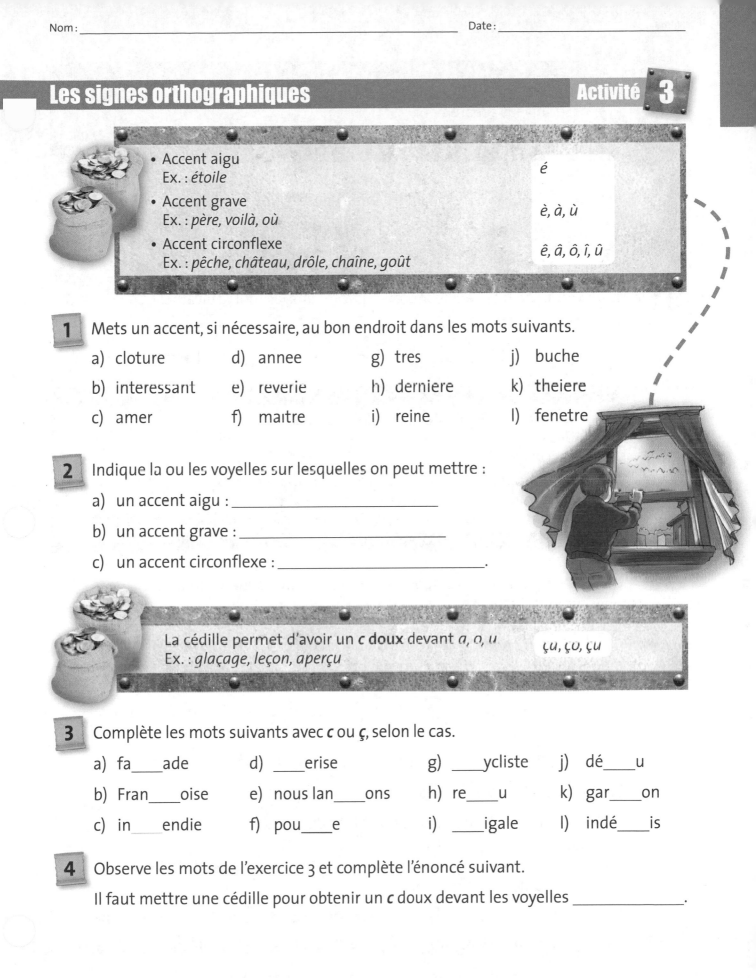

1 Mets un accent, si nécessaire, au bon endroit dans les mots suivants.

a) cloture	d) annee	g) tres	j) buche
b) interessant	e) reverie	h) derniere	k) theiere
c) amer	f) maitre	i) reine	l) fenetre

2 Indique la ou les voyelles sur lesquelles on peut mettre :

a) un accent aigu : _____

b) un accent grave : _____

c) un accent circonflexe : _____.

La cédille permet d'avoir un **c doux** devant *a, o, u*
Ex. : *glaçage, leçon, aperçu*

çа, çо, çu

3 Complète les mots suivants avec **c** ou **ç**, selon le cas.

a) fa____ade	d) ____erise	g) ____ycliste	j) dé____u
b) Fran____oise	e) nous lan____ons	h) re____u	k) gar____on
c) in____endie	f) pou____e	i) ____igale	l) indé____is

4 Observe les mots de l'exercice 3 et complète l'énoncé suivant.

Il faut mettre une cédille pour obtenir un **c** doux devant les voyelles _____.

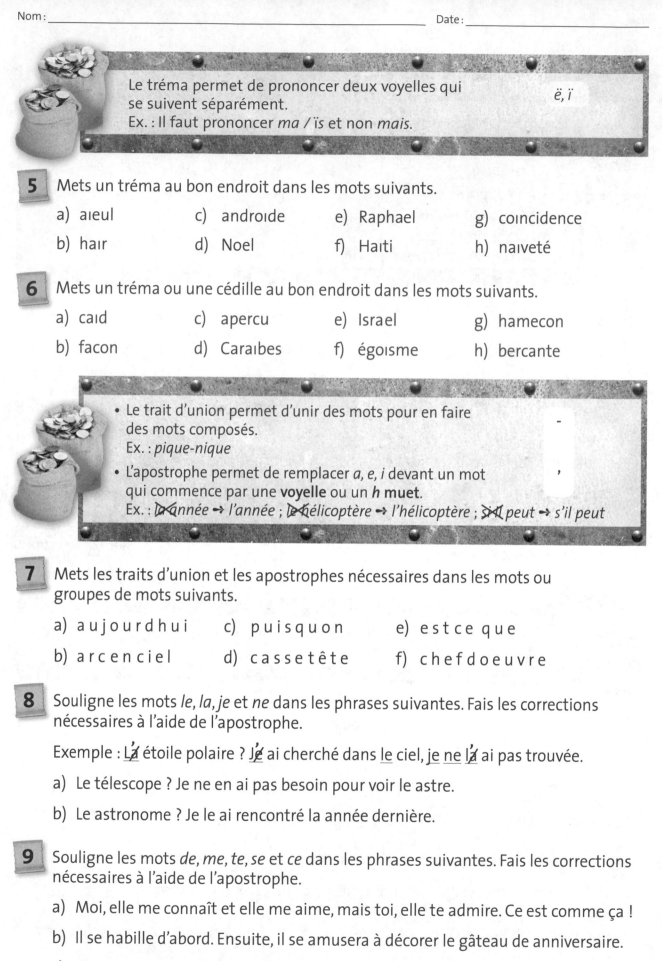

Le tréma permet de prononcer deux voyelles qui se suivent séparément.
Ex. : Il faut prononcer *ma / ïs* et non *mais*.

ë, ï

5 Mets un tréma au bon endroit dans les mots suivants.

a) aieul
c) androide
e) Raphael
g) coincidence

b) hair
d) Noel
f) Haiti
h) naiveté

6 Mets un tréma ou une cédille au bon endroit dans les mots suivants.

a) caid
c) apercu
e) Israel
g) hamecon

b) facon
d) Caraibes
f) égoisme
h) bercante

- Le trait d'union permet d'unir des mots pour en faire des mots composés.
  Ex. : *pique-nique*

-

- L'apostrophe permet de remplacer *a, e, i* devant un mot qui commence par une **voyelle** ou un *h* **muet**.
  Ex. : l~~a~~ ~~a~~nnée → l'année ; l~~e~~ ~~h~~élicoptère → l'hélicoptère ; s~~i~~ ~~i~~l peut → s'il peut

,

7 Mets les traits d'union et les apostrophes nécessaires dans les mots ou groupes de mots suivants.

a) a u j o u r d h u i
c) p u i s q u o n
e) e s t c e q u e

b) a r c e n c i e l
d) c a s s e t ê t e
f) c h e f d o e u v r e

8 Souligne les mots *le, la, je* et *ne* dans les phrases suivantes. Fais les corrections nécessaires à l'aide de l'apostrophe.

Exemple : L~~a~~'étoile polaire ? J~~e~~'ai cherché dans le ciel, je ne l~~a~~'ai pas trouvée.

a) Le télescope ? Je ne en ai pas besoin pour voir le astre.

b) Le astronome ? Je le ai rencontré la année dernière.

9 Souligne les mots *de, me, te, se* et *ce* dans les phrases suivantes. Fais les corrections nécessaires à l'aide de l'apostrophe.

a) Moi, elle me connaît et elle me aime, mais toi, elle te admire. Ce est comme ça !

b) Il se habille d'abord. Ensuite, il se amusera à décorer le gâteau de anniversaire.

c) Ce est important de écouter ce qu'il a à te dire. Il te apprendra des choses.

Des classes de mots à découvrir

- Le nom sert à désigner différentes réalités : des personnes et des personnages, des animaux, des objets, des lieux, des astres, des loisirs, des matières scolaires, etc.
  Ex. : *journaliste, Barbe-Bleue, grenouille, cahier, Jupiter, escrime, anglais...*

- Il y a deux sortes de noms :
  - le nom commun, qui commence par une lettre minuscule ;
    Ex. : *cheval*

  - le nom propre, qui commence par une majuscule.
    Ex. : *Jonathan*

- Le nom est un **donneur d'accord**.

  dét. n. adj.
  Ex. : *J'ai vu une **étoile** filante.*
  f. s.

  n   v
  *L'**étoile** filante brille dans la nuit.*
  3ᵉ pers. s.

1 Classe chacun des noms communs suivants dans le tableau ci-dessous.

- hockey
- chameau
- grand-mère
- courage
- danseuse
- natation
- avril
- valise
- village
- oiseau
- peintre
- mathématique
- parc
- tableau
- pantoufle

Réalités	Noms communs
Personnes et personnages	
Animaux	
Objets ou choses	
Lieux	
Sports et loisirs	
Autres réalités	

2 Classe chacun des noms propres suivants dans le tableau ci-dessous.

- Anabelle
- le Saguenay
- les Égyptiens
- les Allemands
- Rex
- l'Espagne
- la Lune
- Ulysse
- Choupette
- l'Outaouais
- les Canadiens
- Félix Leclerc
- le Soleil
- Mercure
- Médor

Réalités	Noms communs
Personnes et personnages	
Animaux	
Lieux	
Populations	
Astres	

3 Trouve un nom commun qui convient pour chacune des définitions.

a) Réservoir pour les poissons. _____

b) Meuble à tablettes où l'on range des livres. _____

c) Repas qu'on prend le matin. _____

d) Premier mois de l'année. _____

e) Ensemble de marches pour monter et descendre. _____

f) Poupée que l'on fait bouger à l'aide de fils. _____

g) Reptile sans pattes couvert d'écailles. _____

4 Dans chaque groupe de noms, fais un X sur le nom intrus. Explique ta réponse.

a) oiseau   quartier   Sophie   dessin   lundi   silence

_____

b) Québec   Montréal   Ontario   village   Italie   Saint-Laurent

_____

c) bicyclette   cahier   chaise   écureuil   maison   ordinateur

_____

d) écolière   Philippe   brigadier   Ariane   actrice   courage

_____

e) désert   chameau   Fido   toucan   Cannelle   requin

_____

5 Souligne les 25 noms dans le texte suivant, puis classe-les dans le tableau ci-dessous.

L'été dernier, mon frère et moi sommes allés passer les vacances à Rigaud, à la ferme de mes grands-parents. Là-bas, les journées sont bien remplies. Nous avons appris à rassembler les vaches, à brosser les chevaux, à traire les chèvres et à nourrir les poules. Ah ! Il faut que je vous raconte ! Le premier matin, quand Ludovic a ramassé les œufs dans son grand panier, il a fait toute une omelette ! Mais, pour être juste, il faut aussi que je vous dise que je me suis fait assez arroser la première fois que j'ai trait Biquette.

J'ai beaucoup aimé mon séjour. Je vais m'ennuyer de mon grand-père, de ma grand-mère et des animaux que j'ai appris à connaître, mais aussi de mon petit lit au grenier, d'où je voyais la nuit étoilée.

Réalités	Noms communs	Noms propres
Personnes		
Animaux		
Objets ou choses		
Lieux		
Autres réalités		

Le genre du nom

Le nom a un seul genre lorsqu'il désigne un objet, un lieu, un sentiment, un loisir, etc. Il est alors soit masculin (ex. : *un parapluie*), soit féminin (ex. : *la natation*).

1 Écris *un* ou *une* devant les noms suivants. Ensuite, écris le genre (féminin ou masculin) de ces noms. Si tu as un doute, consulte un dictionnaire.

a) _____ moustiquaire _____   f) _____ hiver _____

b) _____ indice _____   g) _____ pétale _____

c) _____ garde-robe _____   h) _____ idole _____

d) _____ oreiller _____   i) _____ été _____

e) _____ île _____   j) _____ émission _____

Le nom varie généralement en genre (masculin ou féminin) lorsqu'il désigne :
- une personne (ex. : *un musicien* ➥ *une musicienne*) ;
- un animal (ex. : *un ours* ➥ *une ourse*).

Règle générale, on forme le nom féminin en ajoutant un -*e* au nom masculin.
Ex. : *un président* ➥ *une présidente*

Exceptions :
chat ➥ *chatte*
paysan ➥ *paysanne*

2 Mets les noms suivants au féminin.

a) un Africain

une _____

b) le gitan

la _____

c) le lauréat

la _____

d) un adolescent

une _____

e) un orphelin

une _____

f) cet apprenti

cette _____

Les noms qui finissent par -*e* au masculin ne changent pas au féminin.
Ex. : *un architecte* ➥ *une architecte*

-*e* ➥ -*e*

Exceptions :
tigre ➥ *tigresse*
prince ➥ *princesse*

3 Mets les noms suivants au féminin.

a) un capitaine

une _____

b) ce journaliste

cette _____

c) un notaire

une _____

Pour former le féminin
des noms en -en, -on,
-et et -el, on double
la consonne + -e.

-en	→	-enne
-on	→	-onne
-et	→	-ette
-el	→	-elle

Exceptions :
compagnon → *compagne*
dindon → *dinde*

Ex. : un ***pharmacien*** → une ***pharmacienne***

4 À l'aide du tableau ci-dessus, forme le féminin des noms suivants.

a) mon cadet

ma _____

b) ce patron

cette _____

c) ce professionnel

cette _____

d) le glouton

la _____

e) un bohémien

une _____

f) un Amérindien

une _____

g) un magicien

une _____

h) ce blondinet

cette _____

i) un fanfaron

une _____

Pour former le féminin des noms
en -eau, -er, -eur et -teur, on change
les dernières lettres.
Ex. : un ***romancier*** → une ***romancière***

-eau	→	-elle
-er	→	-ère
-eur	→	-euse
-teur	→	-trice ou -teuse

5 À l'aide du tableau ci-dessus, forme le féminin des noms suivants.

a) un arpenteur

une _____

b) cet épicier

cette _____

c) le lecteur

la _____

d) mon jumeau

ma _____

e) un auditeur

une _____

f) le nouveau

la _____

g) un étranger

une _____

h) un bricoleur

une _____

i) ce campeur

cette _____

6 Dans les phrases suivantes, mets les noms entre parenthèses au féminin.

a) Je deviendrai (confiseur) _____
   ou (chocolatier) _____ .

b) (Fabien) _____ est une (coureur) _____ de fond.

c) Au zoo, j'ai vu une (lion) _____
   et une (chameau) _____ .

Pour former le féminin des noms
en *-f, -p* et *-x*, on change
les dernières lettres.
Ex. : *un époux* ➜ *une épouse*

-f	➜	-ve
-p	➜	-ve
-x	➜	-se

Exceptions :
vieux ➜ *vieille*
roux ➜ *rousse*

7 À l'aide du tableau ci-dessus, forme le féminin des noms suivants.

a) le veuf

la _____

c) un naïf

une _____

e) un paresseux

une _____

b) ce jaloux

cette _____

d) le loup

la _____

f) ce sportif

cette _____

Pour former le féminin de certains noms :
- on change en partie la forme du mot ;
  Ex. : *un neveu* ➜ *une nièce*
- on change complètement la forme du mot.
  Ex. : *un cheval* ➜ *une jument*

8 Mets les noms suivants au féminin. Pour t'aider, consulte un dictionnaire.

a) ce canard

cette _____

d) le jars

l'_____

g) un duc

une _____

b) l'empereur

l'_____

e) un cerf

une _____

h) le serviteur

la _____

c) mon parrain

ma _____

f) son grand-père

sa _____

i) un bouc

une _____

9 Dans les phrases suivantes, mets les noms entre parenthèses au féminin.

a) Cette (homme) _____ est une (prince) _____.

b) Ta (copain) _____ aime beaucoup
la nouvelle (cheval) _____.

c) (Monsieur) _____ Latulipe
possède trente (moutons) _____.

d) La (garçon) _____ de
ma (oncle) _____ est une
grande (émotif) _____.

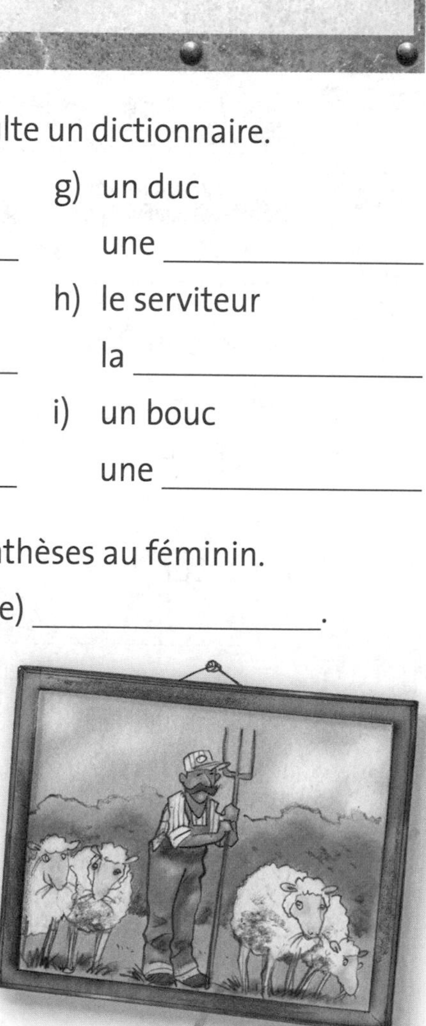

Le nombre du nom

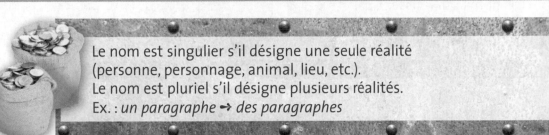

Le nom est singulier s'il désigne une seule réalité
(personne, personnage, animal, lieu, etc.).
Le nom est pluriel s'il désigne plusieurs réalités.
Ex. : *un paragraphe* ➔ *des paragraphes*

1 Écris le nombre des groupes de mots suivants. Ensuite, dans les noms au pluriel, encercle la marque du pluriel.

a) quatre saisons _____   f) ma maison   _____

b) cette ville   _____   g) plusieurs chats   _____

c) les oiseaux   _____   h) une assiette   _____

d) ses bottes   _____   i) beaucoup d'amis _____

e) des cheveux   _____   j) trois chapeaux   _____

**Règle générale, on forme le nom pluriel en ajoutant
un -s au nom singulier.**
Ex. : *une image* ➔ *des images*

Exceptions :
Sept noms en *-ou* prennent un *-x* au pluriel :
bijoux, cailloux, choux, genoux, hiboux, joujoux, poux.

Quelques noms en *-ail* font *-aux* au pluriel :
baux, coraux, émaux, travaux, vitraux...

2 Mets les noms suivants au pluriel.

a) une chambre   b) ce castor   c) le violon

des _____   ces _____   les _____

3 Dans chaque groupe, fais un X sur le nom qui ne forme pas son pluriel comme les autres noms. Ensuite, écris un nom au pluriel qui peut compléter le groupe.

a) gouvernail   détail   corail   chandail   _____

b) clou   genou   voyou   caribou   _____

c) travail   bail   émail   rail   _____

d) sou   pou   chou   bijou   _____

Les noms qui finissent par *-s*, *-x* et *-z*
au singulier ne changent pas au pluriel.
Ex. : un **corps** ➥ des **corps**

-s ➥ -s
-x ➥ -x
-z ➥ -z

4 Trouve trois noms qui finissent par *-s*, *-x* et *-z* au singulier comme au pluriel.

a) *-s :* _____ _____ _____

b) *-x :* _____ _____ _____

c) *-z :* _____ _____ _____

Pour former le pluriel des noms
en *-au*, *-eau* et *-eu*, on ajoute un *-x*.
Ex. : un **râteau** ➥ des **râteaux**

-au ➥ -aux
-eau ➥ -eaux
-eu ➥ -eux

Exceptions :
Quelques noms en *-au* prennent un *-s* au pluriel : *landaus, sarraus...*
Quelques noms en *-eu* prennent un *-s* au pluriel : *bleus, pneus...*

5 Écris trois noms en *-au*, en *-eau* et en *-eu* au pluriel.

a) *-au :* _____ _____ _____

b) *-eau :* _____ _____ _____

c) *-eu :* _____ _____ _____

Pour former le pluriel
des noms en *-al*, on
change les dernières lettres.
Ex. : un **tribunal** ➥ des **tribunaux**

-al ➥ -aux

Exceptions :
Quelques noms en *-al*
prennent un *-s* au pluriel :
*bals, carnavals, chacals,
festivals, récitals, rorquals...*

6 Mets les noms suivants au pluriel. Ensuite, encercle les noms dont le pluriel
est une exception.

a) un général

des _____

c) le festival

les _____

e) un bocal

des _____

b) ce chacal

ces _____

d) son mal

ses _____

f) le bal

les _____

Pour former le pluriel de certains noms,
on change en partie ou complètement la forme du mot.
Ex. : *madame* → *mesdames*

7 Mets les noms suivants au pluriel.

a) un œil

b) le ciel

c) ce monsieur

des _____

les _____

ces _____

8 Mets chaque groupe de mots au pluriel. Ensuite, écris la règle de formation du pluriel des noms qui s'applique ou fais un crochet dans la dernière colonne si c'est une exception.

		Règle	Exception
Ex. : un ours	des ours	-s → -s	
a) le verrou			
b) ce travail			
c) mon journal			
d) son genou			
e) un cristal			
f) le nuage			
g) mon récital			
h) ce pneu			
i) un noyau			
j) le bijou			
k) un nez			
l) ton jeu			
m) le gouvernail			
n) un anneau			
o) mon bras			
p) ton sarrau			
q) ce ruisseau			
r) une voix			

Le déterminant

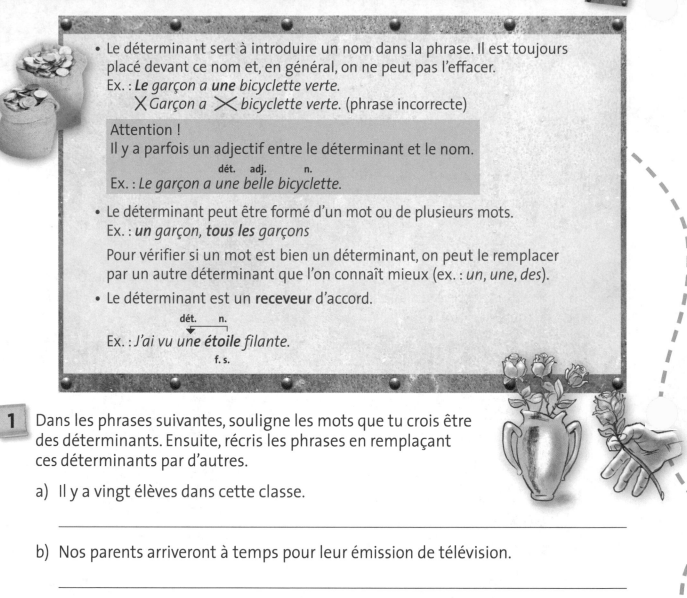

- Le déterminant sert à introduire un nom dans la phrase. Il est toujours placé devant ce nom et, en général, on ne peut pas l'effacer.
  Ex. : **Le** garçon a **une** bicyclette verte.
  ✗ Garçon a ✗ bicyclette verte. (phrase incorrecte)

  Attention !
  Il y a parfois un adjectif entre le déterminant et le nom.
  $$\text{dét.} \quad \text{adj.} \quad \text{n.}$$
  Ex. : *Le garçon a une belle bicyclette.*

- Le déterminant peut être formé d'un mot ou de plusieurs mots.
  Ex. : **un** garçon, **tous les** garçons

  Pour vérifier si un mot est bien un déterminant, on peut le remplacer par un autre déterminant que l'on connaît mieux (ex. : *un, une, des*).

- Le déterminant est un **receveur** d'accord.
  $$\text{dét.} \quad \text{n.}$$
  Ex. : *J'ai vu une étoile filante.*
  f. s.

1 Dans les phrases suivantes, souligne les mots que tu crois être des déterminants. Ensuite, récris les phrases en remplaçant ces déterminants par d'autres.

a) Il y a vingt élèves dans cette classe.

_____

b) Nos parents arriveront à temps pour leur émission de télévision.

_____

_____

c) Florence doit passer son tour. C'est le règlement dans ce jeu.

_____

_____

d) Mes deux amies iront à la pâtisserie chercher le gâteau pour notre petite fête.

_____

_____

e) Nous aurons beaucoup de plaisir avec tous ces nouveaux jeux vidéo.

_____

_____

Les déterminants ci-contre introduisent une réalité qui n'est pas connue.
Ex. : **Des** *élèves jouent.*

un, une, des

2 Écris *un, une* ou *des* dans les phrases suivantes.

a) J'aimerais avoir _____ jeu vidéo et _____ figurines pour Noël.

b) Kevin a bien dormi ; il a _____ oreiller neuf et _____ douillette neuve.

c) Il reste _____ orange, _____ kiwi et _____ pommes pour la collation.

Les déterminants ci-contre introduisent une réalité connue.
Ex. : **Les** *élèves jouent.*

le, la, l', les

Note : On écrit *l'* au lieu de *le* ou *la* devant un nom
qui commence par une voyelle ou un *h* muet.
Ex. : *l'orange, l'éléphant, l'hiver*

En voici quelques autres : *au* (à le), *aux* (à les),
du (de le) et *des* (de les).
Ex. : Il faut dire   *Je reviens du cinéma.*
et non   *Je reviens ~~de le~~ cinéma.*

3 Écris *le, la, l'* ou *les* dans les phrases suivantes.

a) _____ abricot et _____ dattes sont mes fruits préférés.

b) _____ samedi et _____ dimanche sont _____ journées que je préfère.

c) Dans _____ roman, _____ héroïne naviguait sur _____ dos d'un dauphin.

4 Écris *le, la* ou *l'* devant les noms suivants, qui commencent par la lettre *h*.

a) _____ harpe   d) _____ hache   g) _____ hasard

b) _____ hibou   e) _____ haricot   h) _____ horizon

c) _____ huître   f) _____ hôpital   i) _____ haine

5 Écris les déterminants *au, aux, du* ou *des* dans les phrases suivantes.

a) Mélodie ne raffole pas _____ asperges et _____ navet.

b) Alexandre adore jouer _____ échecs avec son père.

c) Radek participera _____ réunions en vue _____ spectacle de fin d'année.

d) Ce soir, nous irons _____ restaurant en famille.

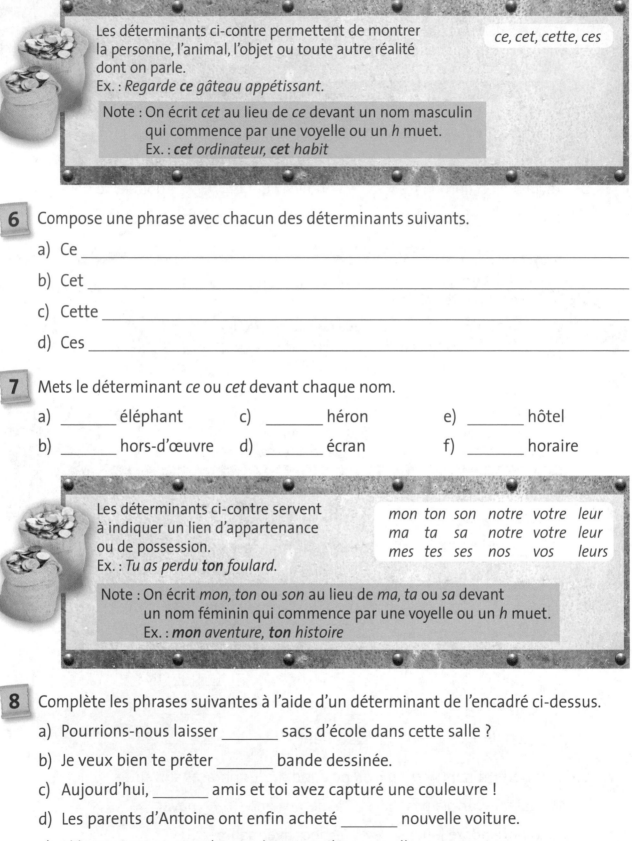

> Les déterminants ci-contre permettent de montrer la personne, l'animal, l'objet ou toute autre réalité dont on parle.
> Ex. : *Regarde **ce** gâteau appétissant.*
>
> **ce, cet, cette, ces**
>
> Note : On écrit *cet* au lieu de *ce* devant un nom masculin qui commence par une voyelle ou un *h* muet.
> Ex. : ***cet** ordinateur,* ***cet** habit*

6 Compose une phrase avec chacun des déterminants suivants.

a) Ce _____

b) Cet _____

c) Cette _____

d) Ces _____

7 Mets le déterminant *ce* ou *cet* devant chaque nom.

a) _____ éléphant   c) _____ héron   e) _____ hôtel

b) _____ hors-d'œuvre   d) _____ écran   f) _____ horaire

> Les déterminants ci-contre servent à indiquer un lien d'appartenance ou de possession.
> Ex. : *Tu as perdu **ton** foulard.*
>
> | mon | ton | son | notre | votre | leur |
> |-----|-----|-----|-------|-------|------|
> | ma | ta | sa | notre | votre | leur |
> | mes | tes | ses | nos | vos | leurs |
>
> Note : On écrit *mon, ton* ou *son* au lieu de *ma, ta* ou *sa* devant un nom féminin qui commence par une voyelle ou un *h* muet.
> Ex. : ***mon** aventure,* ***ton** histoire*

8 Complète les phrases suivantes à l'aide d'un déterminant de l'encadré ci-dessus.

a) Pourrions-nous laisser _____ sacs d'école dans cette salle ?

b) Je veux bien te prêter _____ bande dessinée.

c) Aujourd'hui, _____ amis et toi avez capturé une couleuvre !

d) Les parents d'Antoine ont enfin acheté _____ nouvelle voiture.

e) S'il termine _____ devoirs à temps, il pourra aller au parc.

f) Avez-vous fini _____ repas ?

Les déterminants ci-contre indiquent le nombre de personnes, d'animaux, d'objets ou de toute autre réalité que le nom désigne.
Ex. : *J'ai emprunté six livres.*
Sauf quelques exceptions, ces déterminants sont invariables.

Simples :   *un / une, deux, trois, quatre...*
            onze, douze, treize...
            dix, vingt, trente, quarante...
            cent, mille

Composés : *dix-sept, dix-huit, dix-neuf...*
           vingt et un, trente et un...

9 Complète les phrases suivantes à l'aide du déterminant qui convient.

a) Il y a _____ minutes par heure.

b) Il y a _____ heures par jour.

c) Il y a _____ jours par semaine.

d) Il y a _____ semaines par année.

10 Complète les phrases à l'aide des déterminants de l'encadré.

• tes	• une	• cet	• notre	• Ma
• L'	• Cette	• au	• Le	• douze

a) _____ boisson que tu m'as fait découvrir est délicieuse.

b) _____ spectacle de marionnettes va commencer !

c) Il y a _____ mois dans une année.

d) _____ mère et moi, nous irons magasiner au centre commercial.

e) Veux-tu jouer _____ ballon avec moi ?

f) Nous avons vendu _____ camionnette.

g) Cynthia, _____ lacets sont détachés.

h) Aujourd'hui, ce fut _____ bonne journée à l'école.

i) Regarde, _____ arbre est centenaire.

j) _____ été n'arrivera donc jamais !

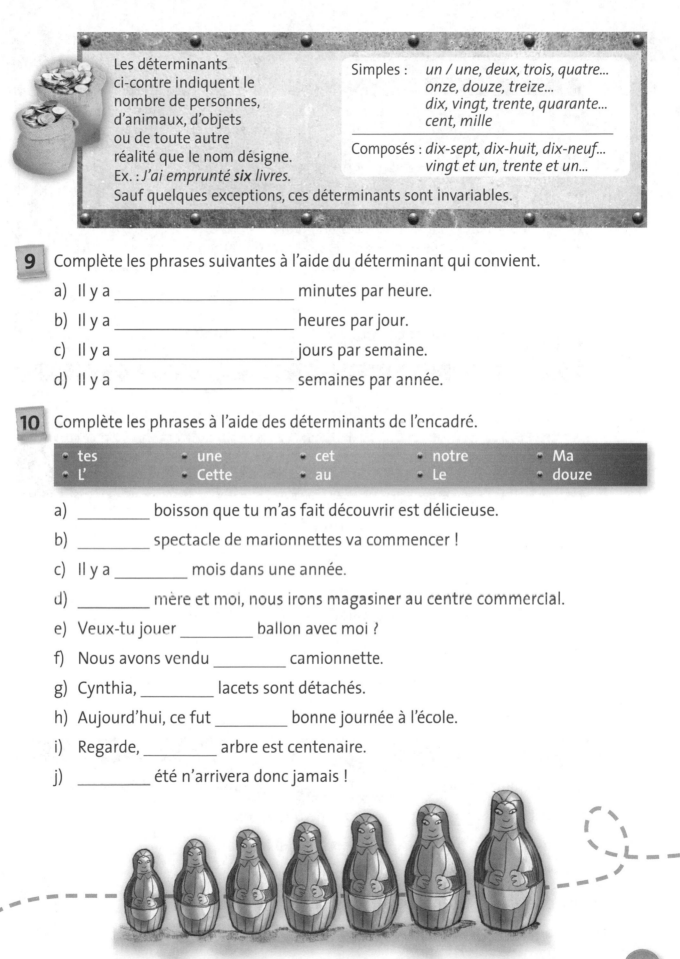

L'adjectif

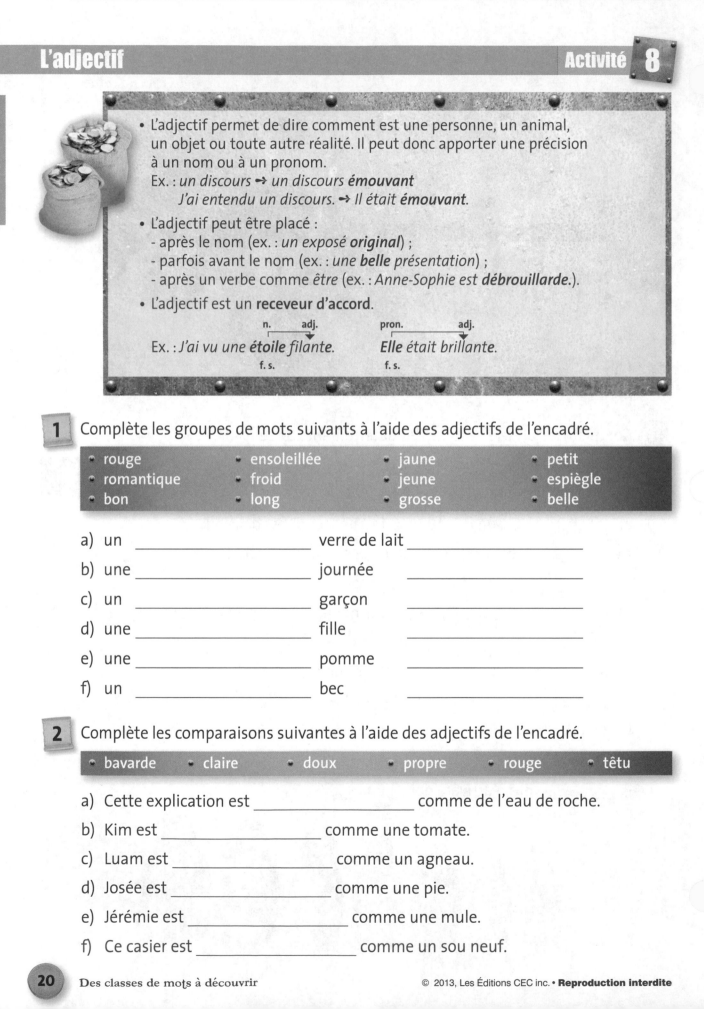

- L'adjectif permet de dire comment est une personne, un animal, un objet ou toute autre réalité. Il peut donc apporter une précision à un nom ou à un pronom.
  Ex. : *un discours* ➜ *un discours **émouvant***
  J'ai entendu un discours. ➜ *Il était **émouvant**.*

- L'adjectif peut être placé :
  - après le nom (ex. : *un exposé **original***) ;
  - parfois avant le nom (ex. : *une **belle** présentation*) ;
  - après un verbe comme *être* (ex. : *Anne-Sophie est **débrouillarde**.*).

- L'adjectif est un **receveur d'accord**.

  n.   adj.   pron.   adj.
  Ex. : *J'ai vu une **étoile** filante.*   ***Elle** était brillante.*
             f. s.   f. s.

1 Complète les groupes de mots suivants à l'aide des adjectifs de l'encadré.

• rouge	• ensoleillée	• jaune	• petit
• romantique	• froid	• jeune	• espiègle
• bon	• long	• grosse	• belle

a) un _____ verre de lait _____

b) une _____ journée _____

c) un _____ garçon _____

d) une _____ fille _____

e) une _____ pomme _____

f) un _____ bec _____

2 Complète les comparaisons suivantes à l'aide des adjectifs de l'encadré.

• bavarde	• claire	• doux	• propre	• rouge	• têtu

a) Cette explication est _____ comme de l'eau de roche.

b) Kim est _____ comme une tomate.

c) Luam est _____ comme un agneau.

d) Josée est _____ comme une pie.

e) Jérémie est _____ comme une mule.

f) Ce casier est _____ comme un sou neuf.

Pour vérifier si un mot est bien un adjectif, on peut le remplacer par un autre adjectif que l'on connaît mieux.
Ex. : *un oiseau de proie rarissime* → *un oiseau de proie rare*

Aussi, on peut souvent ajouter le mot *très* devant un adjectif.
Ex. : *un oiseau rare* → *un oiseau très rare*

3 Sers-toi de l'ajout de *très* pour trouver les adjectifs dans les phrases suivantes. Souligne ces adjectifs.

a) Le noble chevalier a mené un combat loyal.

b) Le monstre agité sème une grande terreur dans le royaume.

c) La bonne reine combattra le monstre avec son armée puissante.

d) Ce magicien célèbre possède un mystérieux grimoire.

e) L'ogresse féroce a capturé ces enfants désobéissants.

4 Dans les phrases suivantes, souligne les mots que tu crois être des adjectifs. Ensuite, récris les phrases en remplaçant ces adjectifs par d'autres.

a) Cet animal sauvage vit dans la forêt tropicale.

_____

_____

b) Avec ce temps pluvieux, les enfants étaient malheureux.

_____

_____

c) Ces minuscules vers de terre font une lumière verte !

_____

_____

d) La généreuse fée a des pouvoirs magiques.

_____

_____

e) Regarde l'oiseau matinal qui chante dans le gros arbre.

_____

_____

La formation du féminin de l'adjectif

> **Règle générale, on forme l'adjectif féminin en ajoutant un -e à l'adjectif masculin.**
> Ex. : *un potage* **chaud** → *une soupe* **chaude**

1 Relie l'adjectif masculin correspondant à l'adjectif féminin. Ensuite, encercle les adjectifs qui sont au féminin.

excellente	bouillant	fin	gourmand
exquis	mauvaise	gourmande	fine
bouillante	excellent	sucrée	ravi
ronde	vernie	automnal	éveillé
mauvais	rond	ravie	automnale
verni	exquise	éveillée	sucré

> **Les adjectifs qui finissent par -e au masculin ne changent pas au féminin.**
> Ex. : *un objet* **rare** → *une perle* **rare**
>
> -e → -e

2 Mets les adjectifs au féminin.

a) un lieu accessible   une région _____

b) un visage pâle   une figure _____

c) un gaz toxique   une substance _____

> **Pour former le féminin de plusieurs adjectifs, on double la consonne + -e.**
> Ex. : *un résultat* **moyen** → *une note* **moyenne**
>
> -en → -enne
> -on → -onne
> -et → -ette
> -el → -elle
> -as → -asse
> -os → -osse
> -eil → -eille
>
> Exceptions :
> Quelques adjectifs en -*et* font -*ète* au féminin : *discrète, complète...*

3 À l'aide du tableau de la page précédente, mets les adjectifs entre parenthèses au féminin.

a) une mémoire (visuel) _____

b) la vaisselle (net) _____

c) une personne (discret) _____

d) une nourriture (gras) _____

e) une humeur (bougon) _____

f) une lentille (cornéen) _____

g) une pomme (suret) _____

h) une (gros) _____ voiture

i) une bouche (vermeil) _____

j) une lettre (confidentiel) _____

k) une lotion (antibactérien) _____

l) une chemise (pareil) _____

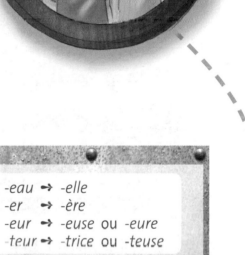

Pour former le féminin des adjectifs en *-eau*, *-er*, *-eur* et *-teur*, on change les dernières lettres.
Ex. : *un frère* **jumeau** ➡ *une sœur* **jumelle**

-eau	➡	*-elle*
-er	➡	*-ère*
-eur	➡	*-euse* ou *-eure*
-teur	➡	*-trice* ou *-teuse*

4 À l'aide du tableau ci-dessus, mets les adjectifs entre parenthèses au féminin.

a) une abeille (butineur) _____

b) l'image (évocateur) _____

c) ma (nouveau) _____ robe

d) une (meilleur) _____ note

e) une accusation (mensonger) _____

f) la classe (chahuteur) _____

g) une (beau) _____ décoration

h) la garde (côtier) _____

i) une apparence (trompeur) _____

j) la cour (intérieur) _____

Pour former le féminin des adjectifs en -f, -c et -x, on change les dernières lettres.
Ex. : *un garçon **sportif*** → *une fille **sportive***

-f → -ve
-c → -che
-x → -se

Exceptions :
bref → *brève*
sec → *sèche*
doux → *douce*

5 Complète le tableau suivant.

Masculin	Féminin	Masculin	Féminin
boiteux			active
adoptif			blanche
	capricieuse	captif	
franc			attentive
	neuve	chatouilleux	

Pour former le féminin de certains adjectifs, on change en partie la forme du mot.
Ex. : *un **long** trajet* → *une **longue** route*

6 Mets les adjectifs au féminin. Si tu as un doute, consulte un dictionnaire.

a) un abricot frais   une pêche _____

b) un garçon malin   une fille _____

c) du beurre mou   une pâte _____

d) un vieux soulier   une _____ chaussure

e) un projet fou   une idée _____

7 Ajoute un adjectif de ton choix.

a) une voiture _____

b) une réunion _____

c) une oie _____

d) une fable _____

e) une table _____

f) une histoire _____

g) une visite _____

h) une vitesse _____

i) une adolescente _____

j) une tante _____

La formation du pluriel de l'adjectif   Activité **10**

> **Règle générale**, on forme l'adjectif pluriel en ajoutant un *-s*
> à l'adjectif singulier.
> **Ex. :** *un paquebot* **illuminé** ➜ *des paquebots* **illuminés**

1 Mets les adjectifs entre parenthèses au pluriel.

a) des chaussures (usée) _____

b) les cheveux (long) _____

c) deux robinets (ouvert) _____

d) des mondes (irréel) _____

e) des vêtements (léger) _____

f) des doigts (crochu) _____

g) mes (petit) _____ frères

h) des vents (violent) _____

i) trois personnes (âgée) _____

j) des chats (tricolore) _____

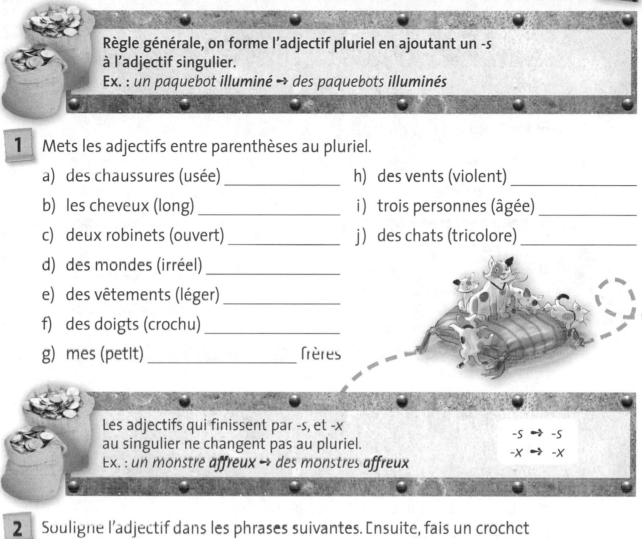

> Les adjectifs qui finissent par *-s*, et *-x*
> au singulier ne changent pas au pluriel.
> **Ex. :** *un monstre* **affreux** ➜ *des monstres* **affreux**
>
> -s ➜ -s
> -x ➜ -x

2 Souligne l'adjectif dans les phrases suivantes. Ensuite, fais un crochet
pour indiquer s'il est singulier ou pluriel.

	Singulier	Pluriel
a) Marco avait les yeux clos.		
b) Les fillettes ont mangé chacune un croissant frais.		
c) Les amis de ma sœur sont de mauvais perdants.		
d) Cet homme m'a donné des renseignements imprécis.		
e) Mathieu est un enfant capricieux.		
f) Un épais brouillard nous empêche d'avancer.		
g) Regarde les gros nuages !		
h) Dans ce conte, il y avait des animaux fabuleux.		
i) Nous avons entendu un fameux violoniste !		
j) Nous avons goûté des mets exquis.		

Pour former le pluriel des adjectifs en -*eau*,
on ajoute un -*x*.
Ex. : *un **nouveau** cahier* ➜ *des **nouveaux** cahiers*

-*eau* ➜ -*eaux*

3 Dans les phrases suivantes, mets les adjectifs entre parenthèses au pluriel.

a) J'aime beaucoup tes (nouveau) _____ crayons.

b) As-tu vu les (beau) _____ oiseaux ?

c) Mes frères (jumeau) _____ jouent au tennis ensemble.

Pour former le pluriel
des adjectifs en -*al*, on
change les dernières lettres.
Ex. : *un chevalier **loyal***
➜ *des chevaliers **loyaux***

-*al* ➜ -*aux*

Exceptions :
Quelques adjectifs en -*al*
prennent un -*s* au pluriel :
*banals, fatals, natals,
navals...*

4 Dans les phrases suivantes, mets les adjectifs entre parenthèses au pluriel.
Ensuite, encercle les adjectifs dont le pluriel est une exception.

a) J'aime pratiquer les sports (hivernal) _____.

b) Amir a reçu un jeu de combats (naval) _____.

c) Je crois qu'ils avaient des adversaires (déloyal) _____.

d) Dans ce documentaire, on présentait

des inventeurs (génial) _____.

e) Youssef, Katherina et Wenqiu retourneront

dans leurs pays (natal) _____ pour visiter leurs familles.

5 Complète le tableau suivant.

Masculin singulier	Féminin singulier	Masculin pluriel	Féminin pluriel
national			
	matinale		
		amicaux	
			banales

Le pronom

- Le **pronom** sert :
  - à conjuguer les verbes ;
    Ex. : *je chante*, *tu chantes*, *il chante*
    nous chantons, *vous chantez*, *elles chantent*
  - à remplacer un mot ou un groupe de mots exprimé dans un texte.
    Il permet d'éviter les répétitions. On l'appelle alors « mot substitut » ;
    Ex. : *Mon frère fait de la natation. Il s'entraîne tous les jours.*
  - à désigner des personnes qui communiquent.
    Ex. : — *Peux-tu venir jouer au parc ?*
    — *Oui, je te rejoins dans cinq minutes.*
- Le pronom est un **donneur d'accord**.

    pron.   v.   pron.   v.   adj.

Ex. : **Nous profitons** de nos vacances.   **Elle** semble heureuse.
    1ʳᵉ pers. pl.   3ᵉ pers. f. s.

1 Lis les phrases suivantes, puis écris le mot ou le groupe de mots que chaque pronom en gras remplace.

a) Luiz a eu des skis neufs. **Il** a hâte de **les** essayer.

Il . _____   les : _____

b) La chatte lèche doucement ses chatons. **Ceux-ci** dorment collés contre **elle**.

Ceux-ci : _____   elle : _____

c) Jade accueille sa correspondante demain. **Elle lui** présentera sa famille.

Elle : _____   lui : _____

2 Complète ce dialogue à l'aide de pronoms.

— Pourrais-_____ venir à mon chalet cette fin de semaine ?

— _____ adorerais cela. _____ vais demander à mes parents.

— S'ils sont d'accord, est-ce que _____ pourrais apporter ton nouveau jeu ?

— Oui, _____ apporterai mon nouveau jeu et mes toupies.

     Des classes de mots à découvrir

Pronoms personnels		
	Pronoms de conjugaison	Autres pronoms
1re pers. s.	je (j')	me (m'), moi
2e pers. s.	tu	te (t'), toi
3e pers. s.	il / elle, on	le / la (l'), lui / elle
1re pers. pl.	nous	nous
2e pers. pl.	vous	vous
3e pers. pl.	ils / elles	les, leur, eux / elles

Note : Le pronom *elles* permet de remplacer plusieurs noms féminins. Le pronom *ils* permet de remplacer plusieurs noms masculins ou de genres différents.

3 Dans chaque phrase, encercle le pronom de conjugaison placé avant ou après le verbe. Ensuite souligne le verbe qui s'accorde avec le pronom.

a) Je chante dans une chorale.

b) Prends-tu des leçons de piano ?

c) Aujourd'hui, on répète la pièce de théâtre dans la grande salle.

d) Hier, elle ne savait pas encore son rôle.

e) Souvent, nous aidons Alexis à apprendre son rôle.

f) Cette année, préparerez-vous un concert de Noël ?

g) Ils jouent une pièce de piano à quatre mains.

h) À quelle heure partent-elles pour la répétition ?

4 Observe les phrases de l'exercice 3 et complète l'énoncé suivant.
Les pronoms de conjugaison placés après le verbe sont reliés au verbe
par un _____.

5 Utilise les pronoms de conjugaison du tableau ci-dessus pour remplacer les mots ou les groupes de mots suivants.

a) le poème et la chanson _____   f) le grenier _____

b) mes amis _____   g) Adam et Joseph _____

c) ta sœur _____   h) cet acteur _____

d) mes partitions _____   i) l'amande et la noisette _____

e) le lièvre et la tortue _____   j) la pianiste _____

6 Utilise les pronoms de conjugaison du tableau de la page précédente pour compléter les phrases suivantes.

a) Philippe et toi êtes de bons amis. _____ jouez ensemble depuis que
   _____ avez trois ans.

b) Alida a raté l'autobus ! Est-ce qu'_____ arrivera à temps pour le concert ?

c) Toi et moi, _____ magasinerons jusqu'à 17 heures, puis
   _____ souperons au restaurant.

d) Mes parents sont en forme. _____ vont marcher avec le chien
   tous les jours.

e) Juliette et Lili, _____ s'entendent très bien.

7 Aide-toi du tableau de la page précédente pour souligner les pronoms
personnels dans les phrases suivantes. Ensuite, indique la personne et
le nombre de chaque pronom.

Ex. : Julien voulait que <u>tu</u> ailles à l'épicerie avec <u>lui</u>.

   tu : 2ᵉ pers. s.   lui : 3ᵉ pers. s. _____

a) Crois-tu que ta sœur pourrait me prêter sa bicyclette ?

_____

b) Cette chanson, nous la connaissons par cœur !

_____

c) Ma mère, c'est à elle que je me confie quand j'ai de la peine.

_____

d) Ils me promettent qu'ils assisteront au concert.

_____

e) Ce concert, vous l'avez très bien réussi !

_____

f) Toi, tu diras à tes amis combien ils étaient bons.

_____

g) Elle leur a demandé une critique constructive.

_____

h) Ce concert, il m'a fait voyager autour du monde !

_____

Le verbe

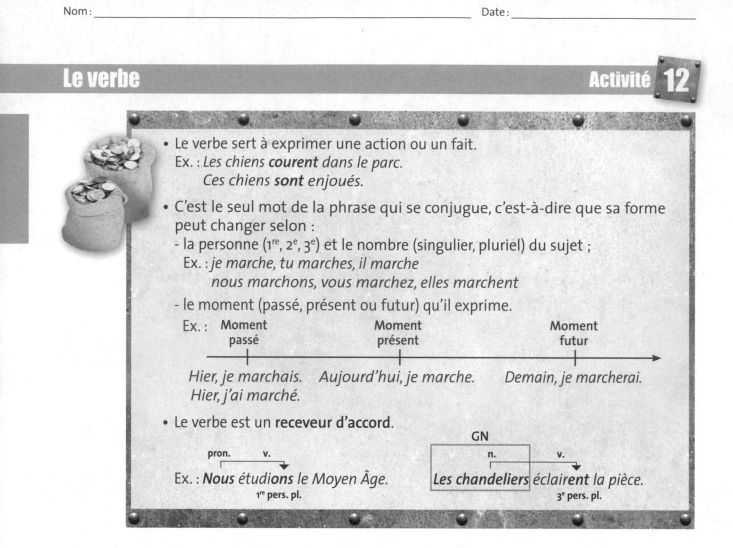

- Le verbe sert à exprimer une action ou un fait.
  Ex. : *Les chiens **courent** dans le parc.*
  *Ces chiens **sont** enjoués.*

- C'est le seul mot de la phrase qui se conjugue, c'est-à-dire que sa forme peut changer selon :
  - la personne (1re, 2e, 3e) et le nombre (singulier, pluriel) du sujet ;
    Ex. : *je marche, tu marches, il marche*
    nous marchons, vous marchez, elles marchent
  - le moment (passé, présent ou futur) qu'il exprime.

    Ex. :

Moment passé	Moment présent	Moment futur

    Hier, je marchais.   *Aujourd'hui, je marche.*   *Demain, je marcherai.*
    Hier, j'ai marché.

- Le verbe est un **receveur d'accord**.

  pron.   v.
  Ex. : ***Nous** étudions le Moyen Âge.*
  1re pers. pl.

  GN
  n.   v.
  Les chandeliers éclairent la pièce.
  3e pers. pl.

Voici comment tu peux repérer un verbe conjugué.

- Tu l'encadres par **ne... pas** ou **n'... pas.**
  Ex. : *Ludwik aime vraiment les chiens.* ➡ *Ludwik **n'**aime **pas** vraiment les chiens.*

- Tu ajoutes un pronom de conjugaison devant le verbe.
  Ex. : *Ludwik aime vraiment les chiens.* ➡ *Ludwik, **il** aime vraiment les chiens.*

- Tu conjugues le verbe à un autre temps.
  Ex. : *Ludwik aime vraiment les chiens.* ➡ *Ludwik **aimait** vraiment les chiens.*

Voici comment tu peux repérer un verbe à l'infinitif.

Tu ajoutes **ne pas** devant le verbe à l'infinitif.
Ex. : *Ludivine essaie de parler fort.* ➡ *Ludivine essaie de **ne pas** parler fort.*

1 Dans les paires de phrases suivantes, les mots en gras sont des verbes ou des noms. Identifie-les en écrivant *v.* ou *n.* au-dessus de chacun d'eux. Sers-toi de l'encadrement par *ne... pas* ou *n'... pas* pour repérer les verbes.

a) Tu as pris ma **place** !   Je **place** mes livres dans mon pupitre.

b) Le roi **règne** sur ses sujets.   J'étudie le **règne** animal.

c) J'aime faire des **voyages**.   Chanceux ! Tu **voyages** en train !

2 Souligne les verbes dans les phrases suivantes. Ensuite, récris les phrases en encadrant chaque verbe par *ne... pas* ou *n'... pas*.

a) Le thé provient d'un arbuste, le théier.

_____

b) Les bourgeons et les premières feuilles font le meilleur thé.

_____

c) On expédie les feuilles de thé dans le monde entier.

_____

3 Souligne les verbes dans les phrases suivantes. Ensuite, récris les phrases en ajoutant un pronom de conjugaison devant le verbe.

a) Cet arbuste pousse dans plusieurs pays d'Asie.

_____

b) Mes voisins dégustent leur thé dans des tasses en porcelaine.

_____

c) Ma grand-mère aime beaucoup le thé au jasmin.

_____

4 Souligne les verbes à l'infinitif dans les phrases suivantes. Ensuite, récris les phrases en ajoutant *ne pas* devant chaque verbe.

a) Ma tante préférerait avoir du thé en feuilles.

_____

b) Je te conseille de faire ton thé d'avance.

_____

5 Souligne les 15 verbes conjugués dans le texte suivant. Ensuite, pour vérifier si ce sont bien des verbes, conjugue-les à l'imparfait au-dessus.

La girafe

En arabe, le mot *girafe* est *zarafan*. Ce mot signifie aussi « élégant ». La girafe est effectivement un ruminant gracieux avec son long cou et ses pattes minces. Un ruminant gracieux… et peut-être un peu hautain ? En tout cas, la girafe regarde de haut !

La girafe a un pelage roux tacheté de brun. Elle mesure jusqu'à cinq mètres de haut, et le mâle pèse environ une tonne. Son cou a sept vertèbres, comme celui des humains. Cependant, ces vertèbres sont vingt fois plus grandes que les nôtres. On pense qu'elle est la descendante d'une race de géants de la préhistoire.

Elle circule en petits groupes dans les grandes plaines des régions tropicales. Elle se nourrit de feuilles et de fruits, qu'elle trouve au sommet des arbres. D'ailleurs, cette gourmande passe environ douze heures par jour à manger !

6 Souligne les verbes dans les phrases suivantes. Pour t'aider à les repérer, utilise l'encadrement par *ne... pas* ou *n'... pas*.

Ensuite, encercle le mot ou les mots qui ne sont pas des verbes, mais qui donnent un indice de temps.

Enfin, à droite de chaque phrase, écris si le moment exprimé par le verbe est passé, présent ou futur.

	Moment
Exemple : (Autrefois,) nous <u>utilisions</u> des machines à écrire pour transcrire nos textes.	*passé*
a) Maintenant, nous écrivons à l'aide d'ordinateurs.	
b) Dans l'avenir, nous dirons peut-être simplement notre texte à voix haute à une machine !	
c) Hier, Anh cherchait de la documentation à la bibliothèque.	
d) Aujourd'hui, elle fait son plan de travail.	
e) Demain, elle commencera la rédaction de son texte.	
f) L'été dernier, je visitais le Nouveau-Brunswick.	
g) l'hiver prochain, nous skierons dans Charlevoix.	
h) Tu travailles fort en classe cette année.	
i) Tu auras certainement de bons résultats à la fin de l'année.	
j) Que deviendras-tu plus tard ?	

Révision – Les classes de mots variables   Activité 13

- Le nom
  Ex. : *chouette*

- Le déterminant
  Ex. : *la chouette*

- L'adjectif
  Ex. : *la chouette rayée*

- Le pronom
  Ex. : *La chouette rayée, elle...*

- Le verbe
  Ex. : *La chouette rayée, elle hulule.*

1 Écris :

a) deux noms communs d'animaux : _____ _____

b) deux noms propres de personnes : _____ _____

c) deux noms communs de personnes : _____ _____

d) deux noms communs d'objets : _____ _____

e) deux noms propres d'astres : _____ _____

f) deux noms communs de lieux : _____ _____

g) deux noms propres de lieux : _____ _____

h) six déterminants : _____ _____

_____ _____

_____ _____

i) deux adjectifs masculins : _____ _____

j) deux adjectifs féminins : _____ _____

k) deux pronoms personnels : _____ _____

l) deux verbes : _____ _____

2 Lis le texte suivant, puis classe les 30 mots soulignés dans le tableau ci-dessous.

Le fantôme rayé

Le mois <u>passé</u>, mon ami <u>Matteo</u> <u>m</u>'a invité à son chalet pour la fin de semaine. Il n'y a pas d'erreur, <u>son</u> chalet <u>est</u> en plein bois !

Le <u>samedi</u>, équipés comme de vrais explorateurs, nous avons eu beaucoup de plaisir à <u>observer</u> les <u>différentes</u> sortes d'arbres, <u>les</u> fleurs <u>sauvages</u> et les <u>champignons</u>. <u>Nous</u> avons même vu des traces d'animaux.

Le soir venu, nous avons regardé <u>un</u> film de fantômes. Il <u>était</u> pas mal <u>effrayant</u> ! Quand nous sommes allés au lit, j'ai eu la peur de <u>ma</u> vie. Matteo <u>dormait</u> déjà quand j'ai entendu *hou hou, hou hou-hourr...* « Qui est là ? » ai-<u>je</u> dit. Aucune réponse. J'ai cru que les <u>fantômes</u> n'étaient plus seulement dans le film. J'ai réveillé mon ami, qui a bien ri de <u>moi</u>. Puis, <u>il</u> m'a expliqué qu'il <u>s'agissait</u> d'une chouette <u>rayée</u> qui avait élu domicile non loin de la <u>maison</u>. Ouf ! J'étais soulagé.

Le lendemain, il <u>pleuvait</u>. <u>Cette</u> journée était <u>parfaite</u> pour commencer <u>notre</u> herbier avec toutes les trouvailles ramassées la <u>veille</u>.

Noms	Déterminants	Adjectifs	Pronoms	Verbes

3 Des mots à explorer

Le sens des mots

- Un mot a souvent plus d'un sens.
  Ex. : *Aïe ! je me suis donné un **coup** de marteau sur le pouce !*
  *Le **coup** de tonnerre a effrayé le bébé.*

- Le sens propre d'un mot est le sens le plus habituel de ce mot.
  Ex. : *Je connais le **refrain** de la chanson par cœur.*

- Le sens figuré d'un mot sert à créer une image.
  Ex. : *Il nous sert encore le même **refrain** !*

- Une expression est une suite de mots qui a souvent un sens figuré.
  Ex. : *Être dans la lune.* ➜ *Être distrait.*

1 Associe chaque mot en gras à la bonne définition selon le contexte de la phrase.

a)

Faire		
Camille **a fait** ce projet, seule.	☐	1. réaliser
Vincent et Sophie **font** une cabane dans le jardin.	☐	2. écrire
Julien **a fait** un très beau texte.	☐	3. causer
Clara **fera** sa sculpture à partir de matériaux recyclés.	☐	4. construire
Dans la région, les inondations **avaient fait** beaucoup de dégâts.	☐	5. créer

b)

Ligne		
Utilise une règle pour tracer des **lignes** droites.	☐	1. fil de nylon terminé par un hameçon
Ce texte contient cinq paragraphes de plus de dix **lignes**.	☐	2. trajet d'autobus
La **ligne** d'autobus 45 traverse l'île pratiquement au complet.	☐	3. traits
As-tu bien fixé la **ligne** au bout de ta canne à pêche ?	☐	4. mots placés à la même hauteur dans un texte

2 Lis les paires de phrases suivantes. Fais un crochet vis-à-vis de la phrase où le mot en gras est employé au **sens propre**.

a) Réduisez vos **bagages** au maximum pour ce voyage.

Marc-Antoine a déjà un bon **bagage** musical.

b) Le père d'Éric est comptable, il aime **jongler** avec les chiffres.

Le clown **jonglait** avec cinq balles !

c) Ces alpinistes tentent d'atteindre le sommet de la **montagne.**

La bibliothécaire a une **montagne** de livres à classer.

d) Ces élèves peuvent s'attendre à une **pluie** de récompenses.

La **pluie** tombe sans cesse depuis hier.

e) Il faut vite trouver un **remède** à son chagrin.

Le médecin lui a prescrit un **remède** contre la toux.

3 Écris le sens des expressions suivantes. Les mots à chercher, selon les dictionnaires, sont en gras.

a) Avoir une **faim** de **loup**.

_____

b) Être **gai** comme un **pinson**.

_____

c) Avoir une **mémoire** d'**éléphant**.

_____

d) Avoir la **part** du **lion**.

_____

e) Avoir un **chat** dans la gorge.

_____

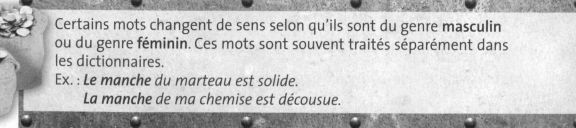

Certains mots changent de sens selon qu'ils sont du genre **masculin** ou du genre **féminin**. Ces mots sont souvent traités séparément dans les dictionnaires.
Ex. : *Le manche du marteau est solide.*
La manche de ma chemise est décousue.

4 À l'aide du dictionnaire, trouve le sens des noms à double genre dans les phrases suivantes.

a) **Le mode** d'emploi est très clair.

_____

Pour ses vêtements, Sophia aime suivre **la mode**.

_____

b) L'avion a fait **un tour** de piste avant de décoller.

_____

On voit très bien la ville du haut de **cette tour**.

_____

c) Mon amie Fattouma a **un voile** turquoise.

_____

Il ne vente plus, nous allons descendre **la voile**.

_____

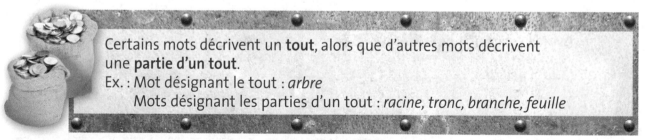

Certains mots décrivent un **tout**, alors que d'autres mots décrivent une **partie d'un tout**.
Ex. : Mot désignant le tout : *arbre*
Mots désignant les parties d'un tout : *racine, tronc, branche, feuille*

5 Classe les mots de l'encadré, qui sont des parties des deux mots ci-dessous.

| • plumes | • toit | • fenêtre | • pattes | • griffes | • porte |
| • bec | • ailes | • mur | • escalier | • gorge | • cheminée |

a) maison : _____

_____

b) oiseau : _____

_____

On peut utiliser différents mots selon le degré d'intensité qu'on veut exprimer.
Ex. : *tiède, chaud, brûlant, bouillant*

6 Remets en ordre d'intensité croissante les mots suivants.

a) • Je marche. • Je me traîne. • Je trottine. • Je vole. • Je cours.

_____

b) • énorme • minuscule • moyen • petit • gros • gigantesque

_____

c) • hurler • chuchoter • parler • crier

_____

Les mots ci-contre sont des prépositions.

à, de, pour, contre, dans, sur, avec, sans...

- La préposition sert à introduire un mot ou un groupe de mots dans la phrase, par exemple un complément du nom.
  Ex. : *Le chat **de** Justine ronronne.*
- Elle peut avoir différents sens : lieu, temps, but, cause, etc.
  Ex. : *Je serai **à** la maison **à** 16 heures.*
  (lieu)   (temps)
- Elle appartient à une classe de mots invariables.

7 À l'aide des mots de l'encadré, complète les phrases suivantes pour exprimer le sens indiqué.

• sans • pour • à • de • en • avec

a) But : Sam étudie sa table de multiplication _____ réussir son examen.

b) Possession : Le poisson rouge _____ Kori est frétillant.

c) Lieu : Samedi, nous irons _____ la ferme de nos grands-parents.

d) Moyen : Ali a acheté un ballon de basket-ball _____ ses économies.

e) Temps : Annie a fait ce devoir _____ 10 minutes.

f) Privation : J'ai mis une robe _____ manches.

Les préfixes et les suffixes

Le préfixe est un élément placé au début d'un mot pour former un autre mot.

préfixe + mot de base = mot dérivé

Ex. : **télé** + *guider* = **télé**guider

1 Observe chaque paire de mots et souligne le préfixe dans le deuxième mot. Ensuite, associe les préfixes de la colonne de gauche au bon sens de la colonne de droite. Consulte un dictionnaire pour t'aider.

Préfixes | Sens

a) port   aéroport

connu   inconnu

commencer   recommencer

portrait   autoportrait

aéro-   répétition

in-   de soi-même

re-   pas

auto-   air

b) coudre   découdre

litre   centilitre

scolaire   préscolaire

homme   surhomme

dé-   centième

centi-   au-dessus

pré-   inverse

sur-   avant

2 Ajoute des préfixes aux mots suivants.

a) _____ lever   e) _____ gonfler   i) _____ possible

b) _____ équipier   f) _____ pluie   j) _____ propre

c) _____ visible   g) _____ entendre   k) _____ polluer

d) _____ défense   h) _____ mètre   l) _____ évaluer

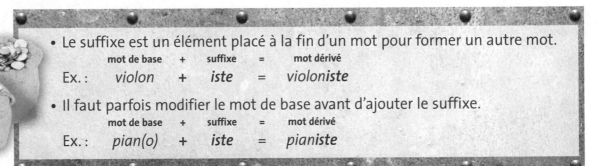

- Le suffixe est un élément placé à la fin d'un mot pour former un autre mot.

  mot de base + suffixe = mot dérivé

  Ex. :   *violon* + *iste* = *violoniste*

- Il faut parfois modifier le mot de base avant d'ajouter le suffixe.

  mot de base + suffixe = mot dérivé

  Ex. :   *pian(o)* + *iste* = *pianiste*

3 Observe chaque paire de mots et souligne le suffixe dans le deuxième mot. Ensuite, choisis le sens approprié parmi ceux qui sont proposés dans les encadrés. Consulte un dictionnaire pour t'aider.

• lieu d'une activité	• action	• qui s'occupe de	• quantité	• petit

		Suffixes	Sens
a) fill(e)	fillette	-ette :	_____
bouscul(er)	bousculade	-ade :	_____
chim(ie)	chimiste	-iste :	_____
fruit	fruiterie	-erie :	_____
assiett(e)	assiettée	-ée :	_____

Pour les suffixes ci-dessous, le même sens peut être choisi plus d'une fois.

• caractéristique	• qui fait une action	• appareil

		Suffixes	Sens
b) sabl(er)	sableuse	-euse :	_____
annonc(er)	annonceur	-eur :	_____
mélang(er)	mélangeur	-eur :	_____
laid	laideur	-eur :	_____
nag(er)	nageuse	-euse :	_____

4 Choisis le suffixe qui convient pour compléter le nom des habitants des lieux ci-dessous. N'oublie pas la majuscule !

• - ain / -aine	• -ais / -aise	• -ois / -oise	• -ien / -ienne

a) Montréal : une _____   c) Ontario : un _____

b) Afrique : un _____   d) Sherbrooke : une _____

Les familles de mots

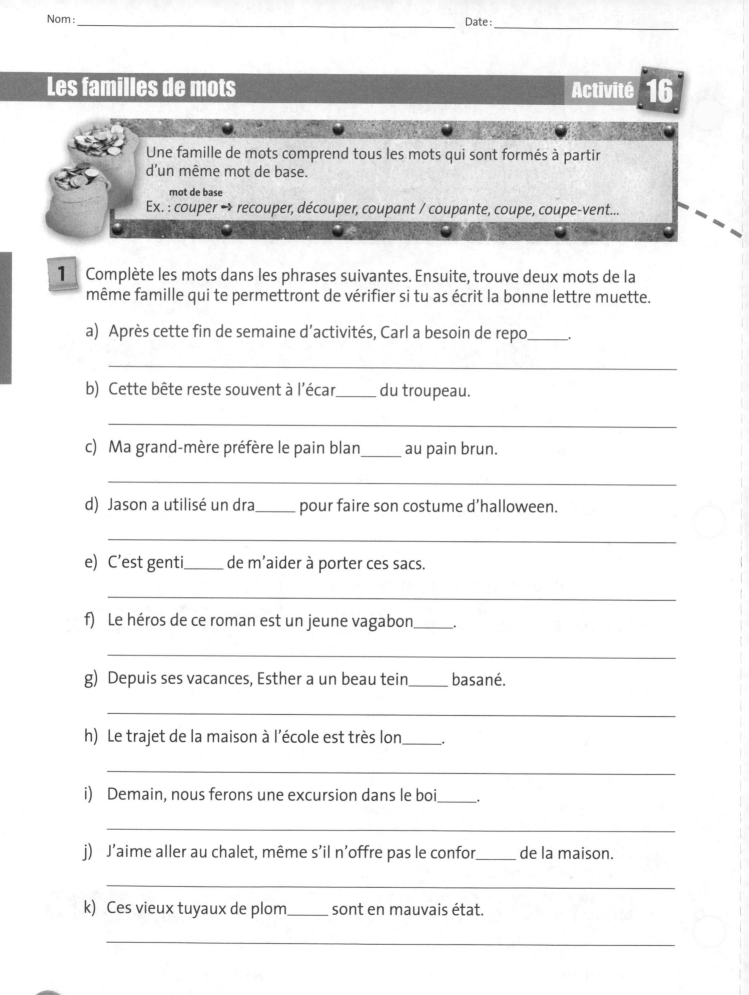

Une famille de mots comprend tous les mots qui sont formés à partir d'un même mot de base.

mot de base
Ex. : *couper* ➜ *recouper, découper, coupant / coupante, coupe, coupe-vent...*

1 Complète les mots dans les phrases suivantes. Ensuite, trouve deux mots de la même famille qui te permettront de vérifier si tu as écrit la bonne lettre muette.

a) Après cette fin de semaine d'activités, Carl a besoin de repo_____.

_____

b) Cette bête reste souvent à l'écar_____ du troupeau.

_____

c) Ma grand-mère préfère le pain blan_____ au pain brun.

_____

d) Jason a utilisé un dra_____ pour faire son costume d'halloween.

_____

e) C'est genti_____ de m'aider à porter ces sacs.

_____

f) Le héros de ce roman est un jeune vagabon_____.

_____

g) Depuis ses vacances, Esther a un beau tein_____ basané.

_____

h) Le trajet de la maison à l'école est très lon_____.

_____

i) Demain, nous ferons une excursion dans le boi_____.

_____

j) J'aime aller au chalet, même s'il n'offre pas le confor_____ de la maison.

_____

k) Ces vieux tuyaux de plom_____ sont en mauvais état.

_____

2 Souligne les mots de même famille dans les phrases suivantes. Ensuite,
écris le mot de base à droite. Voici un indice : le mot de base est un verbe.

Mot de base

a) Tu devrais te dévêtir un peu, car tu vas avoir chaud.
Je crois que tu as mis trop de couches de vêtements.

b) Cette fin de semaine, nous allons repeindre ma chambre.
Mes parents vont acheter une belle peinture bleue.

c) Je dois réimprimer ce document, car il n'y avait
plus d'encre dans l'imprimante quand j'ai fait
la première impression.

d) Heureusement que le remonte-pente fonctionne.
Tu imagines s'il fallait remonter à pied !

e) La marionnette est tombée par terre et elle est
complètement désarticulée. Il faudra refaire chacune
de ses articulations.

3 Trouve des mots de même famille. Utilise des préfixes et des suffixes,
ou trouve des mots composés. Consulte un dictionnaire pour t'aider.

Chaud	Terre

Les mots composés

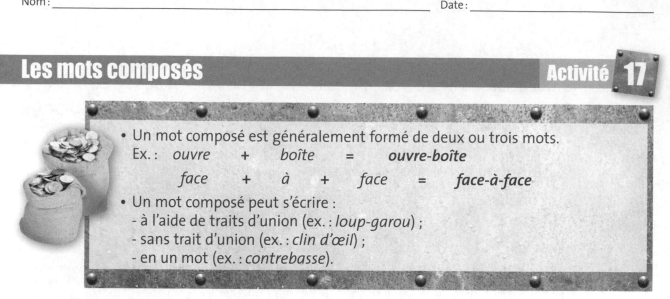

- Un mot composé est généralement formé de deux ou trois mots.
  Ex. :   *ouvre*   +   *boîte*   =   **ouvre-boîte**
          face   +   *à*   +   *face*   =   **face-à-face**
- Un mot composé peut s'écrire :
  - à l'aide de traits d'union (ex. : *loup-garou*) ;
  - sans trait d'union (ex. : *clin d'œil*) ;
  - en un mot (ex. : *contrebasse*).

1 Associe un mot de la colonne de gauche à un mot de la colonne de droite pour former des mots composés. Ensuite, écris ces mots composés.

Utilise un dictionnaire pour savoir s'ils s'écrivent à l'aide de traits d'union, sans trait d'union ou en un mot.

oiseau	sauvage
réveille	vis
traîne	d'œuvre
casse	mouche
tourne	matin
hors	tête

_____
_____
_____
_____
_____
_____

2 À l'aide du dictionnaire, complète les mots composés suivants.

a) avec traits d'union :

  garde-_____   couvre-_____   porte-_____

b) sans trait d'union :

  papier _____   disque _____   appareil _____

c) en un mot :

  porte_____   passe_____   contre_____

Les mots-valises

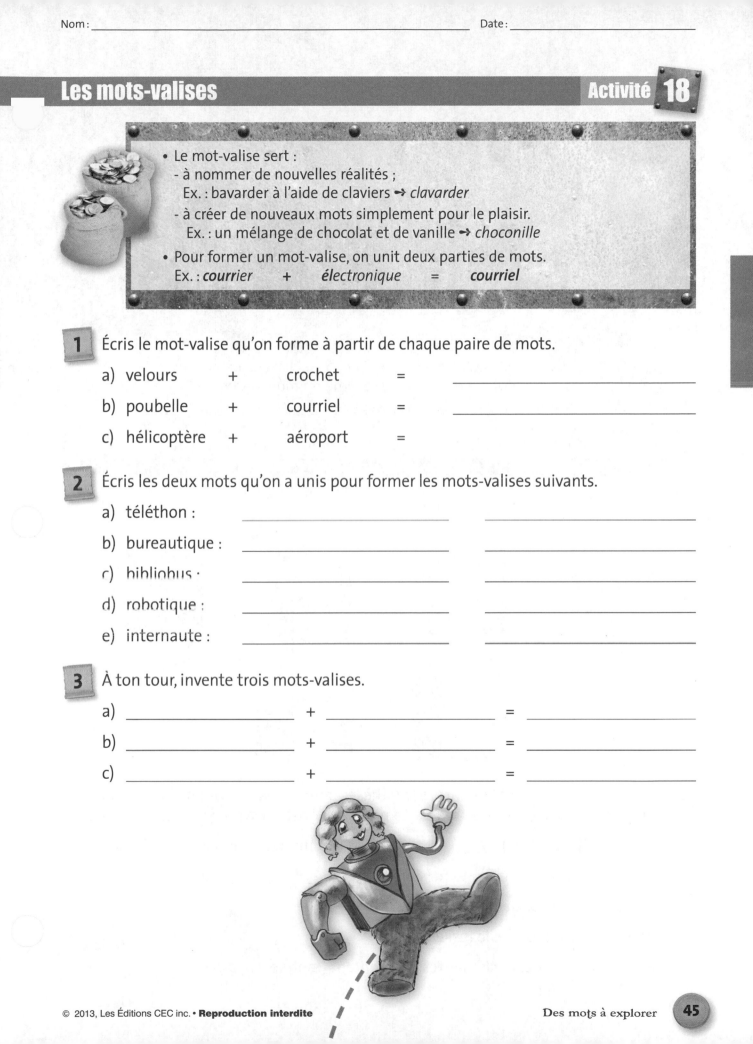

- Le mot-valise sert :
  - à nommer de nouvelles réalités ;
    Ex. : bavarder à l'aide de claviers ⇢ *clavarder*
  - à créer de nouveaux mots simplement pour le plaisir.
    Ex. : un mélange de chocolat et de vanille ⇢ *choconille*
- Pour former un mot-valise, on unit deux parties de mots.
  Ex. : *courrier* + *électronique* = *courriel*

1 Écris le mot-valise qu'on forme à partir de chaque paire de mots.

a) velours + crochet = _____

b) poubelle + courriel = _____

c) hélicoptère + aéroport =

2 Écris les deux mots qu'on a unis pour former les mots-valises suivants.

a) téléthon : _____   _____

b) bureautique : _____   _____

c) bibliobus : _____   _____

d) robotique : _____   _____

e) internaute : _____   _____

3 À ton tour, invente trois mots-valises.

a) _____ + _____ = _____

b) _____ + _____ = _____

c) _____ + _____ = _____

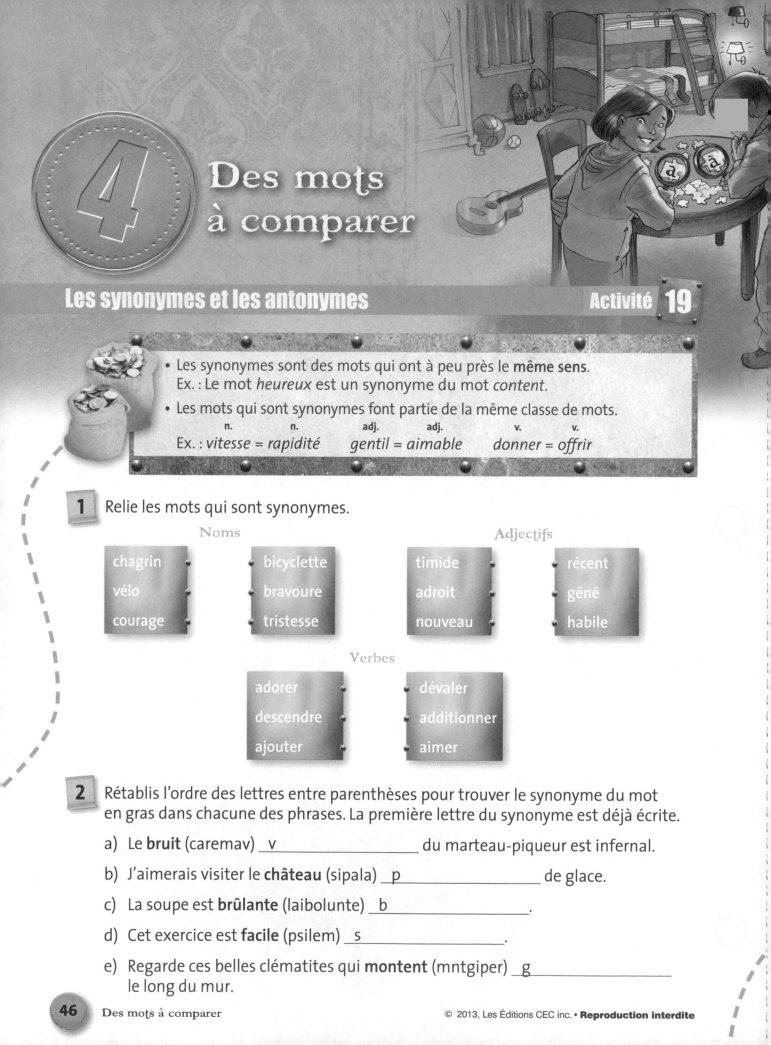

Les synonymes et les antonymes   Activité **19**

- Les synonymes sont des mots qui ont à peu près le **même sens**.
  Ex. : Le mot *heureux* est un synonyme du mot *content*.
- Les mots qui sont synonymes font partie de la même classe de mots.

n.	n.	adj.	adj.	v.	v.
Ex. : *vitesse = rapidité*		*gentil = aimable*		*donner = offrir*	

1 Relie les mots qui sont synonymes.

Noms

chagrin			bicyclette
vélo			bravoure
courage			tristesse

Adjectifs

timide			récent
adroit			gêné
nouveau			habile

Verbes

adorer			dévaler
descendre			additionner
ajouter			aimer

2 Rétablis l'ordre des lettres entre parenthèses pour trouver le synonyme du mot en gras dans chacune des phrases. La première lettre du synonyme est déjà écrite.

a) Le **bruit** (caremav) _v_____ du marteau-piqueur est infernal.

b) J'aimerais visiter le **château** (sipala) __p_____ de glace.

c) La soupe est **brûlante** (laibolunte) _b_____.

d) Cet exercice est **facile** (psilem) _s_____.

e) Regarde ces belles clématites qui **montent** (mntgiper) _g_____
le long du mur.

- Les antonymes sont des mots qui ont un **sens contraire**.
  Ex. : Le mot *joyeux* est un antonyme du mot *triste*.
- Les mots qui sont antonymes font partie de la même classe de mots.

n.	n.	adj.	adj.	v.	v.

Ex. : *vitesse ≠ lenteur*   *gentil ≠ méchant*   *donner ≠ recevoir*

3 Écris les phrases suivantes en remplaçant chacun des mots en gras par un antonyme.

a) Sandrine **économise** son argent.

_____

b) Elle **achètera** des patins à roues alignées.

_____

c) Mon grand-père **a planté** un arbre.

_____

d) Ce logiciel de dessin est **facile** à utiliser.

_____

e) J'ai entendu des **hurlements**.

_____

f) Léo est trop **jeune** pour s'intéresser à ce jeu.

_____

g) Tu as écrit la **bonne** réponse.

_____

h) Béatrice a passé toute la **journée** à lire.

_____

4 À l'aide d'un dictionnaire de synonymes et d'antonymes, trouve trois antonymes aux mots suivants.

a) mouvement : _____ _____ _____

b) nouveau : _____ _____ _____

c) montrer : _____ _____ _____

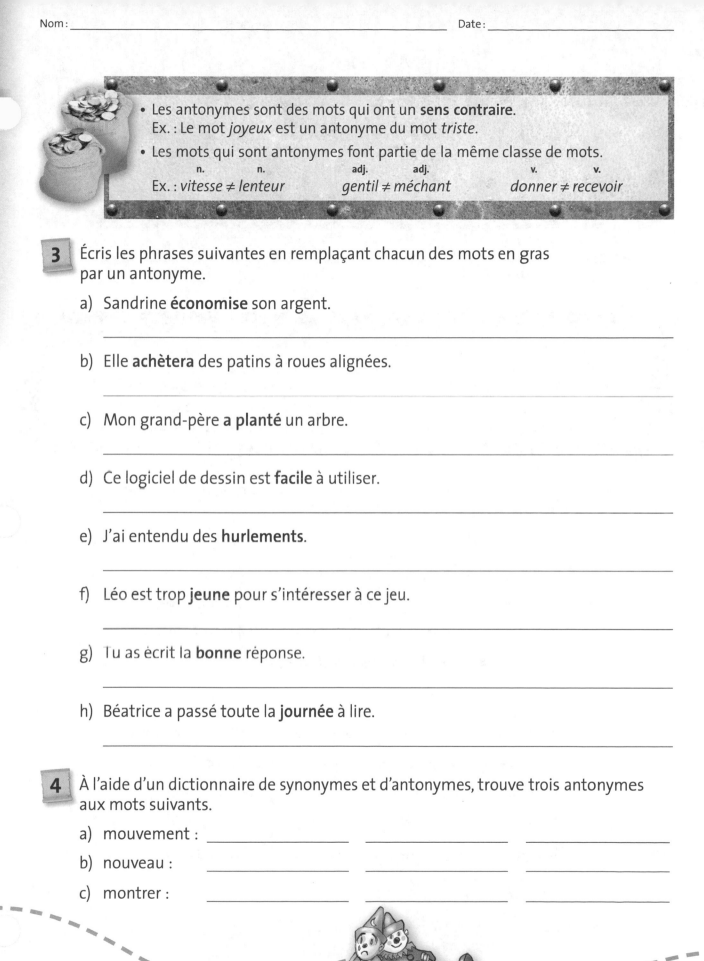

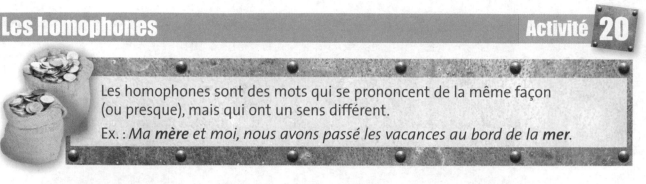

Les homophones

Les homophones sont des mots qui se prononcent de la même façon (ou presque), mais qui ont un sens différent.

Ex. : *Ma **mère** et moi, nous avons passé les vacances au bord de la **mer**.*

Voici quelques homophones présentés avec des trucs qui te permettront de les différencier.

a	à
Verbe *avoir*, 3e pers. s. Tu peux le remplacer par *avait*.	Préposition Tu ne peux pas le remplacer par *avait*.
avait Ex. : *Benjamin **a** un cochon d'Inde.*	~~*avait*~~ Ex. : *Daphnée apprend **à** nager.*

1 Dans le texte suivant, encercle tous les *a* et les *à*. Remarque qu'il y en a beaucoup dans un texte. Il est donc essentiel de les distinguer.

Aujourd'hui, c'est samedi. À dix heures, Justin va aller à son cours de bande dessinée. Il a presque fini l'histoire qu'il a commencée il y a déjà neuf semaines. Il lui reste la toute dernière planche à dessiner. Voilà ce qu'il a à faire ce matin.

Dans son cours, Justin a appris à dessiner un cheval en mouvement. Si vous voyiez son cheval ! Il a une belle tête et un beau poitrail. Il a aussi une crinière qui, quand il galope, semble voler au vent... Et Justin a fait tout ça à l'aide d'un simple crayon à mine !

2 Complète les phrases avec le bon homophone. Au-dessus, écris *avait* ou ~~*avait*~~, selon que tu as pu le remplacer ou non.

a) Pablo _____ oublié ses lunettes _____ la maison.

b) Marie-Ève _____ bu son lait _____ la fraise.

3 Avant de commencer l'exercice, écris ton truc pour différencier les homophones *a* et *à*. Ensuite, dans chaque phrase, encercle le bon homophone entre parenthèses.

| a : _____ | à : _____ |

a) (A, À) l'école, Effie (a, à) beaucoup d'amis.

b) Ce cheval (a, à) bascule appartient (a, à) mon petit frère.

c) Justin (a, à) montré son cahier (a, à) dessin (a, à) sa sœur.

d) Elle (a, à) dit (a, à) Justin : « Montre-moi (a, à) dessiner un cheval. »

e) Alicia (a, à) des pinceaux et de la peinture (a, à) l'eau.

f) (A, À) la bibliothèque, il y (a, à) de beaux livres sur les chevaux.

4 Complète le texte à l'aide des homophones *a* et *à*. Utilise ton truc.

Jérémie aime beaucoup jouer _____ l'ordinateur. Il _____

commencé _____ l'âge de trois ans, assis sur les genoux de son

père. Aujourd'hui, Jérémie _____ dix ans. Il aime encore jouer,

mais il fait aussi ses travaux _____ l'aide de l'ordinateur. Par

exemple, il _____ trouvé peu de livres _____ la bibliothèque

pour l'aider _____ faire sa recherche sur la ville de Bonaventure.

Alors, il _____ décidé de chercher dans Internet et il _____

effectivement trouvé des renseignements très intéressants !

5 Écris une phrase avec *a* et une phrase avec *à*. Utilise encore ton truc.

a : _____

_____

à : _____

_____

1 Complète les phrases avec le bon homophone. Utilise les trucs.

m'a	ma
Pronom *me* + verbe *avoir*, 3ᵉ pers. s. Tu peux le remplacer par *m'avait*.	Déterminant féminin singulier Tu ne peux pas le remplacer par *m'avait*.
m'avait Ex. : Zoé **m'a** donné une bonne réponse.	~~m'avait~~ Ex. : Rends-moi **ma** gomme à effacer !

a) _____ cousine _____ dit que tu étais malade.

b) Tristan _____ gentiment proposé de venir à _____ rencontre.

c) Aujourd'hui, _____ grand-mère _____ fait des beignets aux pommes.

t'a	ta
Pronom *te* + verbe *avoir*, 3ᵉ pers. s. Tu peux le remplacer par *t'avait*.	Déterminant féminin singulier Tu ne peux pas le remplacer par *t'avait*.
t'avait Ex. : Manuel **t'a** prévenu de ma visite.	~~t'avait~~ Ex. : Peux-tu me prêter **ta** règle ?

d) Nadia _____ aidé à faire _____ correction.

e) _____ mère _____ trouvé un costume épatant pour la soirée costumée.

f) _____ bonne humeur _____ rendu populaire auprès de tes amis.

l'a	la
Pronom *le* ou *la* + verbe *avoir*, 3ᵉ pers. s. Tu peux le remplacer par *l'avait*.	Déterminant féminin singulier Tu ne peux pas le remplacer par *l'avait*.
l'avait Ex. : Flavie **l'a** rencontré au parc.	~~l'avait~~ Ex. : Tu liras **la** bonne nouvelle.

g) Ernesto a lavé _____ vaisselle, mais il ne _____ pas essuyée.

h) Camille a tellement aimé _____ pièce de théâtre qu'elle _____ vue une deuxième fois.

i) Il _____ répété plusieurs fois, _____ persévérance est _____ clé du succès.

2 Avant de commencer l'exercice, écris tes trucs pour différencier les homophones *m'a* et *ma*, *t'a* et *ta*, *l'a* et *la*. Ensuite, dans chaque phrase, encercle le bon homophone entre parenthèses.

m'a : _____	ma : _____
t'a : _____	ta : _____
l'a : _____	la : _____

a) Gabrielle (t'a, ta) prévenu de (m'a, ma) rencontre avec le comité de classe ?

b) (L'a, La) visite de (t'a, ta) marraine (t'a, ta) fait vraiment plaisir.

c) (T'a, Ta) talentueuse amie (m'a, ma) fait un beau dessin pour décorer

(m'a, ma) chambre.

d) Le vidéoclip de (l'a, la) chanson, Flavie (l'a, la) vu à (l'a, la) télévision.

e) (T'a, Ta) recherche est excellente. (M'a, Ma) mère te (l'a, la) dit.

f) (L'a, La) voisine (m'a, ma) remis (t'a, ta) lettre.

3 Choisis une paire d'homophones parmi *m'a* et *ma*, *t'a* et *ta*, *l'a* et *la*, puis écris une phrase avec chacun d'eux. Utilise encore tes trucs.

_____

_____

_____

4 Dans le texte suivant, encercle le bon homophone (*a* ou *à*, *m'a* ou *ma*, *t'a* ou *ta*, *l'a* ou *la*) entre parenthèses. Utilise tes trucs.

(M'a, Ma) sœur (m'a, ma) offert une canne (a, à) pêche pour mon

anniversaire. Demain, j'irai donc (a, à) (l'a, la) pêche, au bord de

(l'a, la) rivière. Ma mère me (l'a, la) dit souvent, il n'y (a, à) rien de

plus plaisant que de se retrouver dans (l'a, la) nature. Elle (m'a, ma)

aussi dit qu'elle (t'a, ta) invité (a, à) m'accompagner. Tu pourrais

apporter (t'a, ta) balle et ton gant de baseball. Nous trouverons

bien un endroit où nous lancer (l'a, la) balle après avoir pêché. Ah

oui, j'oubliais ! Mon père (m'a, ma) fait un goûter-surprise...

que j'ai bien hâte de partager avec toi !

Des mots à comparer   **51**

1 Complète les phrases avec le bon homophone. Utilise les trucs.

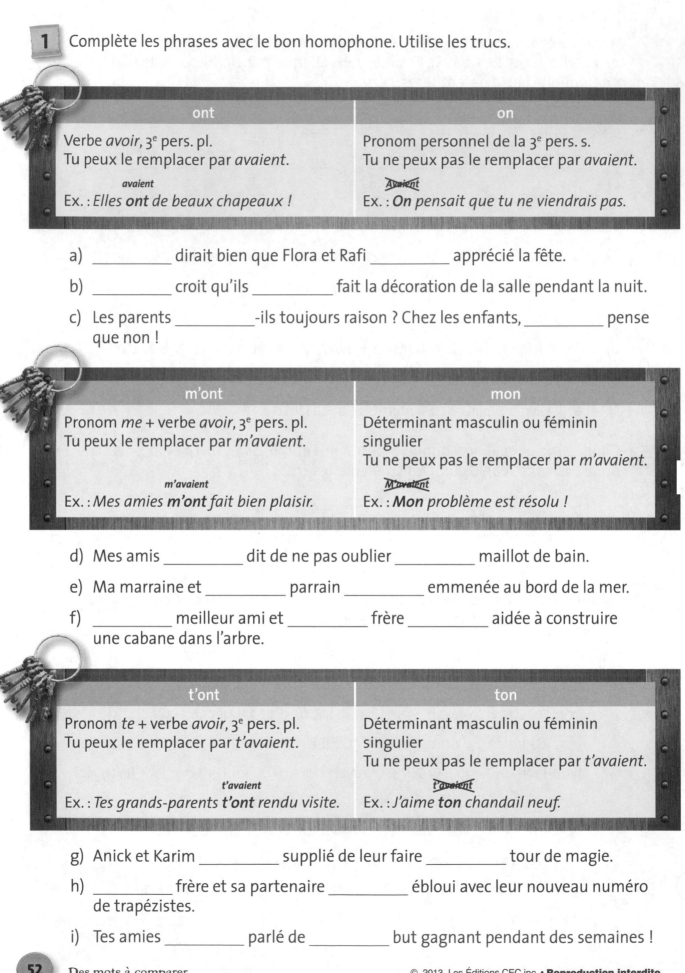

ont	on
Verbe *avoir*, 3ᵉ pers. pl. Tu peux le remplacer par *avaient*. *avaient* Ex. : *Elles **ont** de beaux chapeaux !*	Pronom personnel de la 3ᵉ pers. s. Tu ne peux pas le remplacer par *avaient*. *A̶v̶a̶i̶e̶n̶t̶* Ex. : ***On** pensait que tu ne viendrais pas.*

a) _____ dirait bien que Flora et Rafi _____ apprécié la fête.

b) _____ croit qu'ils _____ fait la décoration de la salle pendant la nuit.

c) Les parents _____-ils toujours raison ? Chez les enfants, _____ pense que non !

m'ont	mon
Pronom *me* + verbe *avoir*, 3ᵉ pers. pl. Tu peux le remplacer par *m'avaient*. *m'avaient* Ex. : *Mes amies **m'ont** fait bien plaisir.*	Déterminant masculin ou féminin singulier Tu ne peux pas le remplacer par *m'avaient*. *M̶'̶a̶v̶a̶i̶e̶n̶t̶* Ex. : ***Mon** problème est résolu !*

d) Mes amis _____ dit de ne pas oublier _____ maillot de bain.

e) Ma marraine et _____ parrain _____ emmenée au bord de la mer.

f) _____ meilleur ami et _____ frère _____ aidée à construire une cabane dans l'arbre.

t'ont	ton
Pronom *te* + verbe *avoir*, 3ᵉ pers. pl. Tu peux le remplacer par *t'avaient*. *t'avaient* Ex. : *Tes grands-parents **t'ont** rendu visite.*	Déterminant masculin ou féminin singulier Tu ne peux pas le remplacer par *t'avaient*. *t̶'̶a̶v̶a̶i̶e̶n̶t̶* Ex. : *J'aime **ton** chandail neuf.*

g) Anick et Karim _____ supplié de leur faire _____ tour de magie.

h) _____ frère et sa partenaire _____ ébloui avec leur nouveau numéro de trapézistes.

i) Tes amies _____ parlé de _____ but gagnant pendant des semaines !

2 Avant de commencer l'exercice, écris tes trucs pour différencier les homophones *ont* et *on*, *m'ont* et *mon*, *t'ont* et *ton*. Ensuite, dans chaque phrase, encercle le bon homophone entre parenthèses.

ont :	_____	on :	_____
m'ont :	_____	mon :	_____
t'ont :	_____	ton :	_____

a) Est-ce que les voisins (t'ont, ton) dit qu'ils (m'ont, mon) ramené de la gare ?

b) (Ont, On) devrait repeindre (t'ont, ton) vieux coffre à jouets.

c) Ils (m'ont, mon) expliqué comment résoudre (m'ont, mon) problème.

d) (Ont, On)-ils proposé de remplacer (t'ont, ton) ballon-poire crevé ?

e) (M'ont, Mon) travail et (t'ont, ton) aide (m'ont, mon) permis de réussir.

f) (Ont, On) ira où tu voudras. Tes parents (t'ont, ton)-ils donné leur accord ?

3 Dans le texte suivant, encercle le bon homophone (*ont* ou *on*, *m'ont* ou *mon*, *t'ont* ou *ton*) entre parenthèses. Utilise les trucs.

Mes parents (m'ont, mon) dit qu'ils allaient nous emmener au cirque, (m'ont, mon) amie Flora et moi. Ça fait un moment déjà qu'ils (ont, on) acheté les billets. J'en discute avec Flora.

— Ils (m'ont, mon) déjà emmené voir un cirque, mais j'étais très petit. Dans (m'ont, mon) souvenir, je me vois sur le dos d'un éléphant !

— Tu as rêvé ça ou (t'ont, ton) père et ta mère (t'ont, ton) vraiment laissé monter à dos d'éléphant ?

— Je ne sais plus. (Ont, On) dirait que c'est un vrai souvenir, mais j'ai peut-être rêvé... Je voudrais bien monter à dos d'éléphant cette fois !

4 Choisis une paire d'homophones parmi *ont* et *on*, *m'ont* et *mon*, *t'ont* et *ton*, puis écris une phrase avec chacun d'eux. Utilise encore tes trucs.

_____

_____

_____

sont	son

Verbe *être*, 3ᵉ pers. pl.
Tu peux le remplacer par *étaient*.
 	
               étaient
Ex. : *Marie-Lune et Gabriel **sont** absents.*
	Déterminant masculin ou féminin singulier
	Tu ne peux pas le remplacer par *étaient*.
	
	   ~~*étaient*~~ ~~*étaient*~~
	Ex. : ***Son** frère a invité **son** amie.*

1 Dans le texte suivant, encercle tous les *sont* et les *son*. Remarque qu'il peut y en avoir beaucoup dans un texte. Il est donc essentiel de les distinguer.

> Virginie et son chien Rex sont inséparables. Ils sont nés le même jour, mais Virginie est son aînée de quelques années. Ce n'est peut-être qu'une coïncidence, mais c'est curieux tout de même de voir combien ils sont de connivence. Ils sont debout à la même heure. Ils sont au petit déjeuner en même temps. Quand Virginie va chercher son ballon, Rex prend sa balle. Quand Virginie se couche dans son lit, Rex rejoint son panier... C'est fou comme ils sont sur la même longueur d'onde !

2 Complète les phrases avec le bon homophone. Au-dessus, écris *étaient* ou ~~*étaient*~~, selon que tu as pu le remplacer ou non.

a) Sandra a rangé _____ vélo, puis ses amis _____ rentrés chez eux.

b) Les deux correspondants de Frédérico _____ venus visiter _____ école.

c) Olivier a prêté _____ roman à _____ camarade.

d) Arielle et Hugo _____ contents, car ils _____ enfin en vacances.

e) Ses disques compacts et _____ lecteur _____ des objets précieux pour lui.

3 Avant de commencer l'exercice, écris ton truc pour différencier les homophones *sont* et *son*. Ensuite, dans chaque phrase, encercle le bon homophone entre parenthèses.

| sont : _____ | son : _____ |

a) (Sont, Son) chien et (sont, son) chat (sont, son) des bêtes affectueuses.

b) (Sont, Son) vétérinaire a dit que ces animaux (sont, son) en parfaite santé.

c) Les parents de Julien (sont, son) tristes que (sont, son) hamster soit malade.

d) Dans (sont, son) histoire, ses personnages préférés (sont, son) les valeureux chevaliers et la puissante reine.

e) (Sont, son)-elles prévenues de l'heure de (sont, son) départ ?

f) (Sont, Son) après-midi est réservé : ses amies (sont, son) là pour lui apprendre à jouer aux échecs.

4 Complète le texte à l'aide des homophones *sont* et *son*. Utilise ton truc.

Naomie et _____ amie Nelly _____ inscrites à la même école
et elles _____ souvent ensemble la fin de semaine. L'autre jour,
elles _____ allées pique-niquer avec le service de garde. Nelly,
un peu distraite, avait oublié _____ lunch à la maison. Naomie
lui a tout de suite proposé de partager _____ sandwich et
_____ orange. Les filles _____ revenues enchantées de
leur journée. Pour remercier Naomie de _____ grand cœur, Nelly
est allée lui porter une part de _____ gâteau préféré. Je crois
bien qu'elles _____ amies pour la vie !

5 Écris une phrase avec *sont* et une phrase avec *son*. Utilise encore ton truc.

sont : _____

_____

son : _____

_____

mais	mes
Conjonction	Déterminant masculin ou féminin pluriel
Tu peux le remplacer par *cependant*.	Tu ne peux pas le remplacer par ~~cependant~~.
cependant	~~cependant~~
Ex. : *Il n'est pas grand, **mais** il est rapide.*	Ex. : *J'ai fait aiguiser **mes** patins.*

1 Dans le texte suivant, encercle tous les *mais* et les *mes*. Remarque qu'il peut y en avoir beaucoup dans un texte. Il est donc essentiel de les distinguer.

Mais quelle histoire ! Mes chaussures ont disparu ! Je les avais pourtant laissées sous mon lit. Mais peut-être qu'un va-nu-pieds est passé par là pendant mon sommeil ? Mais voyons ! Je croyais avoir mis mes lunettes sur la table de chevet, mais peut-être qu'une taupe myope en a eu besoin ? Au moins, j'ai encore tous mes rêves. Je sais que les chasseurs de rêves vont tenter de les prendre, mais ils ne m'auront pas... Mes rêves sont bien à l'abri, dans ma tête !

2 Complète les phrases avec le bon homophone. Au-dessus, écris *cependant* ou ~~cependant~~, selon que tu as pu le remplacer ou non.

a) Où sont _____ lunettes ?

b) Ce matin, j'ai mis _____ bottes, _____ j'ai oublié d'apporter

_____ souliers à l'école.

c) Si tu veux, je peux te prêter _____ bandes dessinées.

d) Je n'ai pas remporté de médaille lors de la compétition, _____ j'étais quand même fière de moi.

e) _____ parents font bien la cuisine, _____ ils n'ont pas toujours le temps de préparer les repas eux-mêmes.

3 Avant de commencer l'exercice, écris ton truc pour différencier les homophones *mais* et *mes*. Ensuite, dans chaque phrase, encercle le bon homophone entre parenthèses.

mais : _____	mes : _____

a) (Mais, Mes) chaussures sont trouées, (mais, mes) (mais, mes) chaussettes sont intactes.

b) (Mais, Mes) oiseaux sont dans leur cage et (mais, mes) poissons, dans leur bocal.

c) Oups ! J'ai remis (mais, mes) canaris dans leur cage, (mais, mes) j'ai oublié de refermer la porte de la cage.

d) Dans (mais, mes) histoires, mes héros sont drôles, (mais, mes) ils sont drôlement peureux !

e) Je sais que (mais, mes) amis viendront, (mais, mes) seront-ils là à temps ?

f) (Mais, Mes) outils ont disparu, (mais, mes) je crois savoir qui les a pris.

4 Complète le texte à l'aide des homophones *mais* et *mes*. Utilise ton truc.

Les chauves-souris sont parmi _____ animaux préférés. Il y en a dans nos campagnes, _____ il y en a davantage dans les pays plus chauds. J'ai lu dans _____ encyclopédies qu'elles s'accrochent à l'envers aux murs des cavernes où elles dorment pendant le jour. La nuit, elles chassent. Elles n'ont pas de bons yeux, _____ elles ont de bonnes oreilles. J'ai aussi appris dans _____ livres que les chauves-souris volent comme les oiseaux, _____ que ce sont des mammifères !

5 Écris une phrase avec *mais* et une phrase avec *mes*.
Utilise encore ton truc.

mais : _____

_____

mes : _____

_____

ces	ses
Déterminant masculin ou féminin pluriel. Tu peux le remplacer par *ce*, *cet* ou *cette* devant le nom singulier. *Ce biscuit* Ex. : **Ces biscuits** sont délicieux.	Déterminant masculin ou féminin pluriel. Tu peux le remplacer par *son* ou *sa* devant le nom au singulier. *son devoir* Ex. : *Mathieu a fait **ses devoirs**.*

1 Dans le texte suivant, encercle tous les *ces* et les *ses*. Remarque qu'il peut y en avoir beaucoup dans un texte. Il est donc essentiel de les distinguer.

« Ces cyprès sont si loin qu'on ne sait si c'en sont. » « Ton thé t'a-t-il ôté ta toux ? » Je ne sais pas qui a créé ces virelangues, mais je les aime bien. Ces phrases sont souvent utilisées comme exercices de diction par les acteurs et toutes ces personnes qui doivent s'exprimer en public. Kim, elle, aime mieux ses propres inventions. Ses phrases sont effectivement rigolotes. Ses amis s'amusent beaucoup à entendre ses inventions et, surtout, à regarder ses mimiques ! C'est vraiment très drôle. Et toi, connais-tu quelques-uns de ces virelangues ?

2 Complète les phrases avec le bon homophone. Au-dessus, écris *ce*, *cet*, *cette* ou *son*, *sa*, selon ce que tu as utilisé pour remplacer l'homophone.

a) Il faut manipuler _____ outils avec prudence.

b) Ma grand-mère prend bien soin de _____ chats.

c) _____ fruits sont mûrs.

d) Léonard a ciré _____ chaussures.

e) Audrey et _____ amies ont mangé

toutes _____ friandises !

3 Avant de commencer l'exercice, écris tes trucs pour différencier les homophones *ces* et *ses*. Ensuite, dans chaque phrase, encercle le bon homophone entre parenthèses.

ces : _____	ses : _____

a) Hier, Renato et (ces, ses) parents m'ont emmené voir une partie de soccer.

b) (Ces, Ses) jeunes font partie d'un club de lecture. Lors des rencontres mensuelles, chacun doit apporter (ces, ses) livres préférés.

c) Magali ira faire du camping sauvage avec (ces, ses) frères et (ces, ses) sœurs.

d) Mon enseignante et (ces, ses) collègues ont offert (ces, ses) fleurs magnifiques au directeur.

e) Regarde (ces, ses) canards qui volent vers le Sud !

f) (Ces, Ses) cadeaux sont pour toi. (Ces, Ses) cadeaux, là-bas, sont pour la guignolée.

4 Complète le texte à l'aide des homophones *ces* et *ses*. Utilise tes trucs.

Ne touche pas à _____ pinceaux. _____ pinceaux appartiennent à ton frère. Ce sont _____ pinceaux à lui. Tu sais à quel point il veut les garder en bon état, _____ précieux pinceaux. Il y tient comme à la prunelle de _____ yeux. Il dit que, pour peindre, c'est essentiel d'avoir de bons outils.

Prends plutôt _____ pinceaux-là. _____ pinceaux sont à toute la famille. _____ pots de gouache aussi, d'ailleurs. Allez, Picasso ! Fais-nous _____ superbes personnages en trois dimensions.

5 Écris une phrase avec *ces* et une phrase avec *ses*. Utilise encore tes trucs.

ces : _____

_____

ses : _____

peux / peut	peu

• peux : verbe *pouvoir*, indicatif présent, 1re et 2e pers. s.
Tu peux le remplacer par *pouvais*.
    pouvais
Ex. : *Je* **peux** *aller te rejoindre.*
 	
• peut : verbe *pouvoir*, indicatif présent, 3e pers. s.
Tu peux le remplacer par *pouvait*.
    pouvait
Ex. : *Bruno* **peut** *aller te rejoindre.*
	Adverbe
	
	Tu ne peux pas le remplacer par *pouvais*, ni par *pouvait*.
	   ~~pouvais~~
	   ~~pouvait~~
	Ex. : *Meggy a* **peu** *de disques.*

1 Dans le texte suivant, encercle tous les *peux*, *peut* et *peu*. Remarque qu'il peut y en avoir beaucoup dans un texte. Il est donc essentiel de les distinguer.

« Je peux, tu peux, il peut, nous pouvons, vous pouvez, elles peuvent. »

C'est facile, comme ça, dans l'ordre de conjugaison, mais c'est un peu

plus difficile quand les homophones sont distribués un peu partout

dans le texte.

On peut alors prendre des moyens, utiliser des trucs pour les

différencier les uns des autres. Tu peux y arriver ! Allez ! un peu de

courage ! Ce truc, il peut vraiment t'aider.

2 Complète les phrases avec le bon homophone. Au-dessus, écris *pouvais*, *pouvait* ou ~~pouvais~~, ~~pouvait~~ selon ce que tu as utilisé pour remplacer l'homophone.

a) Est-ce que tu _____ rendre ce service à ton père ?

b) Il a _____ d'aide ces jours-ci.

c) Clémence _____ aussi t'accompagner au magasin.

d) Il suffit d'ajouter un _____ de cacao au lait et tu _____ obtenir une boisson délicieuse.

e) J'ai mangé un _____ trop de chocolat.

3 Avant de commencer l'exercice, écris tes trucs pour différencier les homophones *peux*, *peut* et *peu*. Ensuite, dans chaque phrase, encercle le bon homophone entre parenthèses.

peux : _____	peut : _____	peu : _____

a) (Peux, Peut, Peu)-tu venir avec nous voir les cerfs ?

b) Si on prend la route qui traverse la forêt, on (peux, peut, peu) en photographier à la tombée du jour.

c) Hier, maman, Jérémie et moi, nous avons vu (peux, peut, peu) d'animaux.

d) Il faut dire que nous sommes restés (peux, peut, peu) de temps.

e) Aujourd'hui, si on est chanceux, on (peux, peut, peu) peut-être voir des biches avec leurs faons !

4 Complète le texte à l'aide des homophones *peux*, *peut* et *peu*. Utilise tes trucs.

— Est-ce que je _____ aller jouer au parc ?

— Non, il fait déjà un _____ noir. Je ne _____ pas te laisser sortir seul.

— Est-ce que tu _____ m'accompagner ?

— Non, j'ai encore un _____ de cuisine à faire. Demande à ton père s'il _____ y aller avec toi.

— Je le lui ai déjà demandé. Il ne _____ pas.

— Est-ce que tu _____ faire les confitures avec moi ?

— Oui, je _____ ... et je veux bien !

5 Écris une phrase avec *peux*, une phrase avec *peut* et une phrase avec *peu*.

peux : _____

_____

peut : _____

_____

peu : _____

_____

terminaison en *-er*	terminaison en *-é*
Terminaison de l'**infinitif** des verbes réguliers en *-er* Tu peux remplacer le verbe à l'infinitif par *vendre*. *vendre* Ex. : *Je dois* **acheter** *de nouveaux cahiers.*	Terminaison du **participe passé** des verbes réguliers en *-er* Tu peux remplacer le participe passé par *vendu*. *vendu* Ex. : *J'ai* **acheté** *de nouveaux cahiers.*

1 Dans le texte suivant, encercle tous les mots qui finissent par *-er* et par *-é*. Remarque qu'il y en a beaucoup dans un texte. Il est donc essentiel de les distinguer.

Relever le défi !

De 2012 à 2015, Jean Lemire, accompagné de scientifiques, aura mené la mission « 1000 jours pour la planète » à bord du *Sedna IV*. Il aura rencontré des chercheurs de partout dans le monde qui œuvrent à protéger les espèces en voie de disparition.

Certains élèves auront eu la chance de discuter avec les scientifiques de l'équipage. Ils auront appris le fonctionnement des différents milieux de vie et ils auront peut-être même adopté une espèce en voie d'extinction. Mais ils auront avant tout appris à faire des gestes concrets pour aider notre planète. Et toi ? Qu'as-tu fait comme geste aujourd'hui ?

2 Dans les phrases suivantes, écris la bonne terminaison à la fin des verbes. Au-dessus, écris *vendre* ou *vendu*, selon ce que tu as utilisé pour faire ton choix.

a) Ma petite sœur n'arrête jamais de chant_____.

b) J'ai écout_____ cette musique des milliers de fois !

c) J'aime écout_____ de la musique avec mon baladeur.

d) En septembre, mes parents m'ont achet_____ un violon neuf.

e) Mon frère a commenc_____ à jou_____ du piano l'année dernière.

3 Avant de commencer l'exercice, écris tes trucs pour différencier les finales homophones *-er* et *-é*. Ensuite, dans chaque phrase, encercle le bon mot entre parenthèses.

-er :	-é :

a) J'ai (appeler, appelé) Olga pour savoir si elle voulait venir (jouer, joué) avec moi.

b) As-tu (déjeuner, déjeuné) ? Tu vas devoir courir pour (attraper, attrapé) l'autobus.

c) Je peux te (montrer, montré) comment j'ai (dessiner, dessiné) mon hibou.

d) Tu aurais (aimer, aimé) (fabriquer, fabriqué) cette fusée avec nous.

e) Nous avons vu la fusée (monter, monté) dans le ciel et nous avons (crier, crié) : « Hourra ! »

4 Dans le texte suivant, écris la bonne terminaison à la fin des verbes. N'oublie pas d'utiliser tes trucs.

J'aimerais te parl_____ de Ludwig van Beethoven, un grand compositeur. Il est n_____ à Bonn (Allemagne) en 1770 et il est décéd_____ à Vienne (Autriche) en 1827. C'était, comme Mozart, un enfant prodige. Il a donn_____ son premier concert à huit ans et il a compos_____ ses premières œuvres à dix-sept ans ! Il faisait de la musique, mais il est aussi all_____ à l'université pour étudi_____ la littérature et la philosophie. Savais-tu qu'il a commenc_____ à être sourd à l'âge de 28 ans ? Malgré cela, jusqu'à la fin de sa vie, il a réussi à cré_____ des œuvres qui sont parmi les plus grandioses de l'histoire de la musique et que nous pouvons appréci_____ encore aujourd'hui.

Connais-tu de ses œuvres ? Peut-être as-tu déjà appris à jou_____ son « Hymne à la joie » à la flûte à bec, au piano ou au xylophone ?

Deux groupes de mots à observer

Le **nom** est le noyau du groupe du nom (GN). Il ne peut pas être effacé.
Dans le GN, le nom peut être seul ou accompagné d'autres mots.
Dans la phrase, un GN peut être remplacé par un pronom.

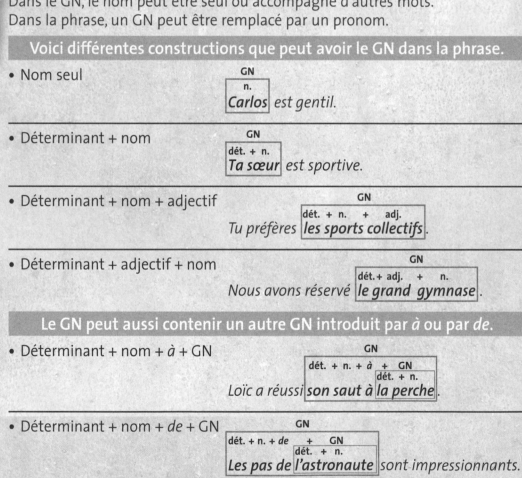

Voici différentes constructions que peut avoir le GN dans la phrase.

- Nom seul

  GN
  | n. |
  Carlos est gentil.

- Déterminant + nom

  GN
  | dét. + n. |
  Ta sœur est sportive.

- Déterminant + nom + adjectif

  GN
  | dét. + n. + adj. |
  Tu préfères **les sports collectifs**.

- Déterminant + adjectif + nom

  GN
  | dét. + adj. + n. |
  Nous avons réservé **le grand gymnase**.

Le GN peut aussi contenir un autre GN introduit par *à* ou par *de*.

- Déterminant + nom + *à* + GN

  GN
  | dét. + n. + à + GN |
  | dét. + n. |
  Loïc a réussi **son saut à la perche**.

- Déterminant + nom + *de* + GN

  GN
  | dét. + n. + de + GN |
  | dét. + n. |
  Les pas de l'astronaute sont impressionnants.

1 Dans les phrases suivantes :
- encadre les GN dont le noyau est en gras ;
- à l'aide des étiquettes suivantes, indique au-dessus de chaque GN comment il est construit.

| • n. | • dét. + n. | • dét. + n. + adj. | • dét. + adj. + n. |

a) Le **deltaplane** est un **sport** aérien.

b) **Cinthia** adore le **volley-ball**.

c) **Anne-Sophie** aime mieux les **sports** individuels comme l'**alpinisme**.

d) Mon **voisin** est un grand **hockeyeur**.

e) Lors de la **compétition**, cet **athlète** a remporté la deuxième **place**.

f) **Juliette** a fait une **pirouette** acrobatique.

g) Ce magnifique **vélo** appartient à **Audrey**.

2 Dans les phrases suivantes :
- encadre les GN dont le noyau est en gras ;
- à l'aide des étiquettes suivantes, indique au-dessus de chaque GN comment il est construit.

| • dét. + n. + *à* + GN | • dét. + n. + *de* + GN |

a) La **raquette** de ma sœur est très légère.

b) Julius a reçu un **ballon** de soccer.

c) J'aime bien le **saut** à la corde.

d) Victor a fait une **randonnée** à la montagne.

3 Souligne les 15 GN dans le texte suivant. Ensuite, classe-les dans le tableau ci-dessous.

Un bel avenir !

Je me nomme Nicolas et j'ai dix ans. Ma jeune sœur a huit ans. Quand je serai grand, je serai aviateur. Adèle, elle, veut devenir une astronaute célèbre. Nous ne nous entendons pas toujours très bien, mais quand nous parlons du ciel et de l'espace, là, ce n'est plus la même chose. Nos yeux brillent ! Elle prétend que de ne pas sentir son poids donne une sensation extraordinaire. Moi, je lui dis qu'il n'y a rien de plus merveilleux que de voler comme un oiseau.

GN		
n.	_____ _____ _____	
dét. + n.	_____ _____ _____ _____ _____ _____ _____	
dét. + n. + adj.	_____ _____	
dét. + adj. + n.	_____ _____	

4 Souligne le noyau des GN encadrés dans le texte suivant. Ensuite, classe les GN dans le tableau ci-dessous.

Les odeurs délicieuses

Le matin, ma mère me donne toujours des sous. C'est pour que j'achète un pain croûté en revenant de l'école. La boulangerie artisanale est sur le chemin de la maison. En entrant, ce qui frappe, c'est l'odeur de la vanille. C'est envoûtant ! Magellan, le fils de la boulangère, m'accueille souvent avec des petites bouchées. Ce que je préfère par-dessus tout, ce sont les strudels à la framboise et les biscuits à l'avoine. Mais le pain de la boulangerie est, lui aussi, excellent !

GN		
	n.	_____
	dét. + n.	_____ _____ _____ _____
	dét. + n. + adj.	_____ _____
	dét. + adj. + n.	_____
	dét. + n. + *à* + GN	_____ _____
	dét. + n. + *de* + GN	_____ _____ _____

Nom : ____________________ Date : ____________________

La fonction de complément du nom

Activité 22

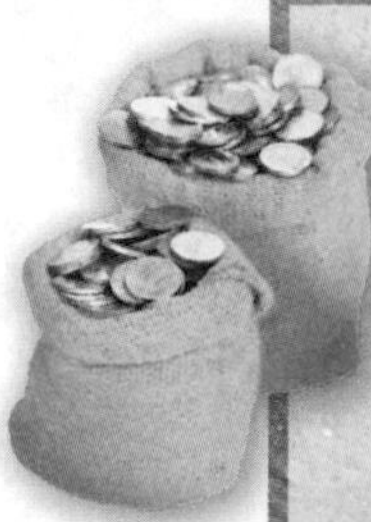

Dans le groupe du nom (GN), le noyau est souvent précédé d'un déterminant. Le noyau peut aussi avoir un **complément du nom**.
Dans une phrase, les compléments du nom sont facultatifs. Ils peuvent être effacés.

Voici quelques compléments du nom.	
• Un adjectif	GN: *un **bon** film* GN: *un film **passionnant***
• Un groupe de mots qui commence par *à*	GN: *une glace **à la fraise***
• Un groupe de mots qui commence par *de*	GN: *les ailes **de l'oiseau***

1 Écris des GN à partir des noms noyaux ci-dessous.
- Ajoute un déterminant qui convient.
- Choisis un complément du nom de l'encadré pour compléter chaque noyau. Observe le genre et le nombre du noyau pour faire ton choix.

• de ma sœur • bleu • grande • ensoleillée • à la vanille

a) foulard : ____________________

b) journée : ____________________

c) pouding : ____________________

d) dictionnaire : ____________________

e) maison : ____________________

2 Souligne le noyau des GN encadrés. Ensuite, récris chaque phrase en enlevant le complément du GN.

a) [Cette pomme à la cannelle] est délicieuse.

____

b) Cybèle est malade : elle a [un gros rhume].

____

c) Nous grimperons [au sommet de la montagne].

____

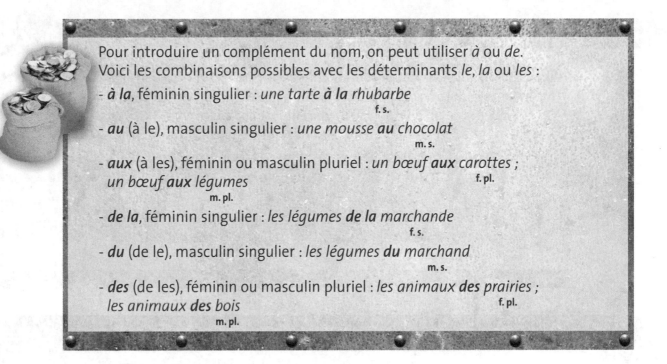

Pour introduire un complément du nom, on peut utiliser *à* ou *de*.
Voici les combinaisons possibles avec les déterminants *le, la* ou *les* :

- *à la*, féminin singulier : *une tarte à la rhubarbe*
  f.s.

- *au* (à le), masculin singulier : *une mousse au chocolat*
  m.s.

- *aux* (à les), féminin ou masculin pluriel : *un bœuf aux carottes ;*
  un bœuf aux légumes   f. pl.
  m. pl.

- *de la*, féminin singulier : *les légumes de la marchande*
  f.s.

- *du* (de le), masculin singulier : *les légumes du marchand*
  m.s.

- *des* (de les), féminin ou masculin pluriel : *les animaux des prairies ;*
  les animaux des bois   f. pl.
  m. pl.

3 Utilise les mots des encadrés suivants pour ajouter des compléments du nom dans les phrases ci-dessous.

• bons	• petite	• coupées	• magnifique	• succulent

• aux poireaux	• aux amandes	• du Portugal	• du village	• de mon jardin

a) Voici des fleurs _____ _____.

b) Cette _____ photo _____ me fait rêver.

c) Nous avons cuisiné un potage _____ _____.

d) Es-tu déjà entré dans la _____ pâtisserie _____ ?

e) Nous avons acheté des _____ croissants _____.

4 Écris des GN à partir des noms noyaux ci-dessous.
- Ajoute un déterminant qui convient. Observe le genre et le nombre du noyau.
- Ajoute un complément du nom.

a) bicyclette : _____

b) pétales : _____

c) yogourt : _____

d) garçon : _____

e) contes : _____

Les accords dans le groupe du nom GN

- Dans le groupe du nom (GN), le nom noyau est **donneur d'accord**, c'est-à-dire qu'il donne son genre (masculin ou féminin) et son nombre (singulier ou pluriel) au déterminant et à l'adjectif qui l'accompagnent.

- Le déterminant et l'adjectif sont donc **receveurs d'accord**, puisqu'ils reçoivent le genre et le nombre du nom qu'ils accompagnent.

Ex. : J'ai vu $\boxed{\text{une \textbf{étoile} filante}}$. Sam note $\boxed{\text{les \textbf{planètes} observées}}$.

GN
dét.   n.   adj.
f. s.

GN
dét.   n.   adj.
f. pl.

Voici comment tu dois faire les accords dans le GN.

1. Tu repères le nom donneur et tu l'encercles.	J'ai vu une étoile filante .
2. Tu écris le genre et le nombre sous le nom donneur.	J'ai vu une étoile filante . f. s.
3. Tu traces une flèche qui part du nom donneur et qui va : - au déterminant receveur ; - à l'adjectif receveur.	J'ai vu une étoile filante . f. s.
4. Tu vérifies si les receveurs sont bien accordés, c'est-à-dire s'ils ont le même genre et le même nombre que le nom donneur.	J'ai vu une étoile filante . f. s. f. s. f. s.

1 Souligne les GN dans les phrases suivantes. À droite, écris le genre et le nombre du noyau de chaque groupe.

a) J'étudie notre système solaire. _____

b) Tu as reçu deux grands livres illustrés. _____

c) On y voit toutes les constellations. _____

d) Regarde la pleine lune ! _____

e) Les aurores boréales sont fascinantes. _____

2 Utilise la procédure de la page précédente pour faire les accords dans les GN suivants. Dans chaque cas, le nom donneur est en gras.

Ex. : un **vélos** léger

des *vélos* légers
m. pl.   m. pl.   m. pl.

a) le **voiture** garé _____

b) le **navettes** spatial _____

c) ce beau **routes** _____

d) le **train** silencieux _____

e) son petit **bateaux** _____

f) un **avions** supersonique _____

g) ce **fusée** interplanétaire _____

h) un **voies** rapide _____

i) notre **camions** réparé _____

3 Écris le genre et le nombre des noms en gras dans les phrases ci-dessous.
Ensuite, à l'aide des déterminants de l'encadré, complète les GN.

Assure-toi que le déterminant a le même genre et le même nombre
que le nom donneur en gras.

• la	• Le	• un	• une	• tes	• quelques	• Mes	• ma	• mon
• ce	• Cette	• vos	• leur	• Au	• Plusieurs	• Cet	• sa	

a) _____ **cousins** m'ont invité à me baigner dans _____ **piscine**.

b) _____ **avion** va décoller.

c) Ouvrez _____ **livres** et prenez _____ **feuille**.

d) _____ **élèves** ont apprécié _____ **sortie**.

e) _____ **retour**, _____ **enseignante** était contente.

f) _____ **voisin** a reçu _____ **chien** pour _____ **fête**.

g) Est-ce que je peux regarder _____ **film** ?

h) _____ **nuit**, on peut voir _____ **étoiles**.

i) Zut ! j'ai sali _____ **chemise** !

j) As-tu bien séché _____ **cheveux** ?

Nom : ______________________ Date : ______________

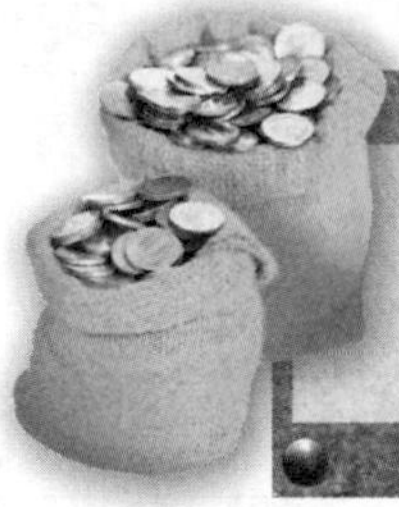

Certains noms propres, comme les prénoms et les noms de famille, ne varient pas en nombre.
Ex. : *Les deux **Maxence** de notre groupe sont de bons skieurs.*

4 Récris les phrases en remplaçant chaque nom commun en gras par un nom propre de ton choix.

a) Il y a trois **filles** dans notre équipe de hockey.

____

b) Curieux ! Ces deux **amis** sont toujours ensemble.

____

5 Complète les GN suivants avec un adjectif de ton choix. N'oublie pas d'accorder cet adjectif. À droite, écris le genre et le nombre de ces GN.

a) des déserts ______________ ______________

b) ces forêts ______________ ______________

c) un lac ______________ ______________

d) la montagne ______________ ______________

e) quelques iles ______________ ______________

6 Compose des phrases avec les GN indiqués ci-dessous. Ensuite, utilise la procédure de la page 70 pour bien accorder tous les mots dans tes GN.

a) un GN masculin singulier :

____

b) un GN féminin singulier :

____

c) un GN masculin pluriel :

____

d) un GN féminin pluriel :

____

7 Transforme les GN suivants au pluriel.

a) un journal intéressant _____

b) le château hanté _____

c) cet animal féroce _____

d) ma tasse fleurie _____

e) ce chevalier loyal _____

f) la forêt enchantée _____

g) mon gâteau préféré _____

h) votre ordinateur neuf _____

8 Transforme les GN suivants au féminin.

a) un loup roux _____

b) son grand frère _____

c) le cheval racé _____

d) mon compositeur préféré _____

e) ce canard noir _____

f) un ogre terrifiant _____

g) ton lapin blanc _____

h) le prince généreux _____

9 Transforme les GN suivants au singulier.

a) ces belles bicyclettes _____

b) des doigts crochus _____

c) ses grandes amies _____

d) vos pupitres propres _____

e) nos casiers vidés _____

f) tes couleurs préférées _____

g) les mets épicés _____

h) leurs poissons rouges _____

10 Écris le genre et le nombre sous chaque nom en gras. Ensuite, dans les parenthèses, encercle le déterminant et l'adjectif du même genre et du même nombre afin d'obtenir des GN bien accordés.

a) Il a abattu (cet, ces) **arbres** (mort, morts).

b) Nous avons cueilli (une, des) **capucines** (comestible, comestibles).

c) J'ai coupé (un, une) (beau, belle) **rose** (blanc, blanche).

d) Vous avez planté (un, des) **pommiers** (commun, communs).

e) Il a effeuillé (un, une) (petit, petite) **marguerite**.

f) Peux-tu arroser (mon, mes) **choux** (décoratif, décoratifs) ?

g) J'aime lire sous (le, les) **saule** (pleureur, pleureurs).

h) (Cette, Ces) **tulipes** (offerte, offertes) lui ont fait très plaisir.

I) Nous avons décoré (le, les) **sapins** (argenté, argentés).

j) (Ce, Cette) **plante** (tropical, tropicale) ne pousse pas ici.

k) Là-bas, y avait-il (un, des) **baobabs** (géant, géants) ?

l) Regarde (ce, ces) **bouleaux** (écorcé, écorcés) !

m) Il a acheté (un, une) **épinette** (bleu, bleue).

Le **verbe conjugué** est le noyau du groupe du verbe (GV). Il ne peut pas être effacé.

Dans le GV, le verbe conjugué peut être seul ou accompagné d'autres mots. Ces mots complètent le verbe.

Attention !
Certains verbes sont toujours accompagnés d'autres mots.
Ex. : *avoir, être, aimer, faire, mettre,* etc.

Voici différentes constructions que peut avoir le GV dans la phrase.

- Verbe seul

GV
v.
L'avion **atterrit**.

- Verbe + adjectif

GV
v. + adj.
Ma chienne **est affectueuse**.

- Verbe + GN

GV
v. + GN
Jordan **aime** **les omelettes dorées**.

---

1 À l'aide de *ne... pas* ou *n'... pas*, trouve le verbe conjugué et souligne-le. Ensuite, au-dessus de chaque GV en gras, indique comment il est construit à l'aide des étiquettes suivantes :

- v.
- v. + adj.
- v. + GN

a) Félix et Joëlle **chuchotent**.

b) Demain, mon grand-père **gardera mon petit frère**.

c) Aujourd'hui, Mélodie **semblait fatiguée**.

d) Le midi, je **mange des repas congelés**.

e) Le vent **est frisquet**.

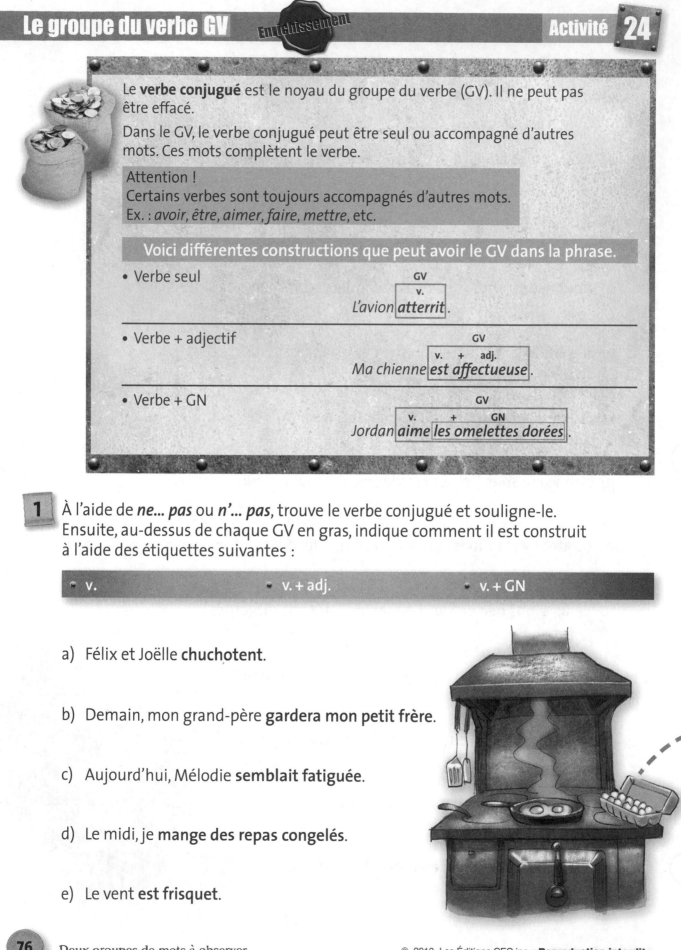

2 Souligne le noyau des GV en gras dans les phrases suivantes.
Ensuite, classe les GV dans le tableau ci-dessous.

a) Il **sourit**.

b) Hugues **a reçu une planche à roulettes**.

c) Pourtant, ces portions **semblaient suffisantes**.

d) Coralie **dort**.

e) Est-ce que vous **achèterez des fruits** ?

f) Sam et toi, vous **êtes impatients** !

GV		
	v.	
	v. + adj.	
	v. + GN	

3 Souligne le verbe des phrases suivantes. Ensuite, récris les phrases ci-dessous en remplaçant les mots en gras par des mots de l'encadré.

> • ma mère • un vilain rhume • de l'Australie • Gérard • une fête • des fleurs

a) Pour Noël, les élèves de la classe prépareront **quelque chose**.

_____

b) Dans son exposé, Alex parlera **de quelque chose**.

_____

c) Anh a attrapé **quelque chose**.

_____

d) Après le récital, Carla donnera **quelque chose** à la musicienne.

_____

e) Hier, Vicky a aidé **quelqu'un** à faire son devoir de mathématique.

_____

f) Mon père offrira du parfum **à quelqu'un** pour son anniversaire.

_____

Des verbes à conjuguer

- Le verbe est composé d'un **radical** (première partie du verbe) et d'une **terminaison** (seconde partie du verbe).
  Ex. : verbe *march/er* ➜ *Les élèves march/ent.*

- Le **radical** donne le sens du verbe.
  La plupart des verbes gardent le même radical au cours de la conjugaison.
  Ex. : verbe *regarder* ➜ *je regarde, ils regardent, tu regardais*
  Le radical *regard-* permet de reconnaître le sens de ce verbe, peu importe la terminaison.

- La **terminaison** du verbe change au cours de la conjugaison selon la personne et le nombre du sujet, et selon le temps du verbe.
  Ex. : verbe *parler* ➜ *tu parles, elle parlait, vous parlez*

1 Forme un verbe de la même famille que chacun des noms ci-dessous.

a) fuite _____

b) morsure _____

c) nage _____

d) grosseur _____

e) achat _____

f) aperçu _____

g) conduite _____

h) dessin _____

i) choix _____

j) course _____

k) vente _____

l) marche _____

m) découverte _____

n) définition _____

2 À l'aide du tableau suivant, encercle la terminaison de chaque verbe de l'exercice 1.

Terminaisons des verbes	-er	-ir	-oir	-re

Les verbes réguliers et les verbes irréguliers   Activité 26

Verbes réguliers	
Les verbes en **-er**, comme *aimer*, sont réguliers.	• Ils ont toujours les mêmes terminaisons. Ex. : *tu aimes, tu marches, tu joues* • En général, ils ont un radical qui ne change pas. Ex. : *j'aime, tu aimes, il aime*
Les verbes en **-ir**, comme *finir*, qui font **-issons** à la 1ʳᵉ personne du pluriel de l'indicatif présent, sont réguliers.	• Ils ont toujours les mêmes terminaisons. Ex. : *nous finissons, nous choisissons, nous bâtissons* • Ils ont un radical qui présente deux formes. Ex. : *je finis, nous finissons*

1 Classe les verbes réguliers de l'exercice 1 de la page 78 dans le tableau ci-dessous.

Verbes réguliers	-er	
	-ir	

Verbes irréguliers	
Ils peuvent changer de radical au cours de la conjugaison ou avoir des terminaisons particulières.	
Le verbe *aller* est un verbe irrégulier, malgré sa terminaison en -er.	*aller* → *je vais, nous allons, vous irez*
Le verbe *avoir* est un verbe irrégulier.	*avoir* → *j'ai, nous avons, vous aurez*
Le verbe *être* est un verbe irrégulier.	*être* → *je suis, nous sommes, vous serez*
D'autres verbes, comme *dormir, vouloir, prendre,* sont irréguliers.	*dormir* → *je dors, nous dormons, vous dormirez* *vouloir* → *je veux, nous voulons, vous voudrez* *prendre* → *je prends, nous prenons, ils prennent*

2 Dans l'exercice 1 de la page 78, trouve trois verbes en **-ir** qui ne se conjuguent pas comme *finir*.

Verbes irréguliers	-ir	

Les temps simples et les temps composés

Le verbe conjugué à un **temps simple** est formé d'un seul mot. Ex. : indicatif présent - *je **voyage** j'**aime***	Pour repérer un verbe conjugué à un temps simple, on l'encadre par *ne... pas* ou *n'.... pas*. Ex. : *je **ne** voyage **pas** je **n'**aime **pas***
Le verbe conjugué à un **temps composé** ou au **futur proche** est formé de deux mots. Ex. : passé composé - *j'**ai voyagé** je **suis resté** futur proche - je **vais rester***	Pour repérer un verbe conjugué à un temps composé ou au futur proche, on encadre le premier mot par *ne... pas* ou *n'.... pas*. Ex. : *je **n'ai pas** voyagé je **ne** suis **pas** resté je **ne** vais **pas** rester*

1 Souligne le verbe conjugué dans chaque phrase. Ensuite, fais un crochet pour indiquer si le verbe est formé d'un seul mot ou de deux mots.

	Verbe formé d'un seul mot	Verbe formé de deux mots
a) Debout au milieu du cours d'eau, le héron, mine de rien, chassait les poissons.		
b) Tu remarqueras la tache rouge sous le bec des mouettes adultes.		
c) Le bec élastique du pélican sert de sac à provisions.		
d) Cet été, je vais voir les macareux à l'île du Cap-Breton.		
e) L'albatros serait le plus grand des oiseaux volants.		
f) Au cap Tourmente, à l'automne, nous observerons les outardes.		
g) Ces flamants roses vont manger des crevettes dans les marais !		

2 Indique les temps simples des verbes de l'exercice 1.

temps simples : _____

_____

La personne et le nombre du verbe

Le verbe change selon la personne et le nombre. Il existe trois personnes au singulier et trois personnes au pluriel.

Personne	Nombre	
	Singulier	Pluriel
1re pers.	**je** chante	**nous** chant**ons**
2e pers.	**tu** chant**es**	**vous** chant**ez**
3e pers.	**il / elle, on** chante	**ils / elles** chant**ent**

1 Écris un pronom qui peut convenir pour tous les verbes de chaque rangée.

a) _____ alliez   monterez   êtes   parleriez

b) _____ suis   mange   chanterai   rougissais

c) _____ dansaient   ont   font   grandissaient

d) _____ marchons   sommes   finirons   entrions

e) _____ réussit   regarderait   dit   voyagera

f) _____ vas   fais   obéis   aurais

2 Souligne le verbe conjugué dans chaque phrase. Ensuite, indique à quelle personne et à quel nombre il est conjugué.

a) À quelle heure arrives-tu de la piscine ?   _____

b) Je serai de retour vers 17 h 30.   _____

c) Nous préparerons le souper ensemble.   _____

d) Papa travaille-t-il ce soir ?   _____

e) Non, nous serons tous là.   _____

f) Papa et toi, vous irez jouer au hockey.   _____

g) Je chausserai mes patins neufs.   _____

h) Ces patins sont vraiment confortables !   _____

L'infinitif présent mode infinitif

- L'infinitif présent est la forme de base du verbe. Sans contexte, il sert simplement à exprimer le **sens du verbe**. C'est la forme du verbe qu'on trouve dans les dictionnaires.
  Ex. : Le verbe *marcher* veut dire « faire de la marche ».

- L'infinitif présent est un mode impersonnel, c'est-à-dire qu'il ne varie pas selon la personne (1re, 2e ou 3e personne du singulier ou du pluriel).
  Ex. : ***Traverser*** la rue à l'intersection.

Voici les quatre terminaisons des verbes à l'infinitif présent.	
-er	*aimer, chanter, compter*
-ir	*finir, rougir, vieillir*
-oir	*voir, pouvoir, vouloir*
-re	*prendre, mettre, dire*

1 Dans le texte suivant, encercle les verbes à l'infinitif (5) et souligne les autres verbes (12).

Comme elle vieillit!

Ma petite sœur commence sa première année. Elle est déjà capable de lire quelques mots. Je trouve ça chouette de la voir grandir. Son calme, tout à coup, m'étonne. Quand je repense à elle toute petite... Elle bondissait de colère souvent pour trois fois rien. Maintenant, elle rit de bon cœur quand je la taquine. Aussi, quand je reçois mes amis, elle ne s'amuse plus à nous déranger. Ma foi, nous finirons par être des amis !

2 Récris à l'infinitif chaque verbe souligné dans l'exercice 1. Ensuite, sépare par un trait (/) le radical de la terminaison.

a) _____   e) _____   i) _____

b) _____   f) _____   j) _____

c) _____   g) _____   k) _____

d) _____   h) _____   l) _____

Le participe présent mode participe   Activité 30

- Un verbe au participe présent est **invariable**. Il ne varie ni en genre ni en nombre.
- Le participe présent est un mode impersonnel, c'est-à-dire qu'il ne varie pas selon la personne (1ʳᵉ, 2ᵉ ou 3ᵉ personne du singulier ou du pluriel). Ex. : En **marchant** un peu plus vite, il devrait arriver à l'heure.

Voici la terminaison de tous les verbes au participe présent.

-ant	achet**ant**, réussiss**ant**, cueill**ant**

1 Dans le texte suivant, encercle les verbes au participe présent (6) et souligne les autres verbes conjugués (12).

De drôles de paris

Dans l'autobus qui menait les élèves aux pentes de ski, Bruno divertissait ses deux amis en leur proposant des paris audacieux. « Je vous gage ma collation que je suis capable de descendre la pente en ne me servant pas de mes bâtons. » Anabelle acceptait la gageure en faisant des clins d'œil à Malek. « Je parie aussi que je suis capable de descendre en reculant, déclarait-il. » Là, ses amis notaient la gageure en rigolant franchement. Et puis quoi encore... Allait-il leur annoncer qu'il dévalerait la pente les yeux fermés en savourant une crêpe Suzette ? Eh bien, oui ! C'est exactement ce à quoi il pensait !

2 Observe les verbes au participe présent dans l'exercice 1 et complète l'énoncé suivant.

Dans la phrase, le verbe au participe présent est souvent placé après le mot _____.

3 Dans chaque phrase, écris le verbe entre parenthèses au participe présent.

a) En (chercher) _____ ma tuque, j'ai trouvé mon foulard.

b) En (avoir) _____ ses mitaines de ski, il n'aura pas froid.

c) Elle racontait son histoire en (rougir) _____.

d) Mara est tombée en (skier) _____.

L'indicatif présent mode indicatif

L'indicatif présent sert généralement à situer une action ou un fait dans le présent.
Ex. : *Je lis présentement.*

1 À l'aide du verbe modèle *aimer*, conjugue à l'indicatif présent les verbes réguliers en *-er* suivants.

Aimer
J'aim**e**
Tu aim**es**
Il / elle, on aim**e**
Nous aim**ons**
Vous aim**ez**
Ils / elles aim**ent**

Prêter	Surveiller	Apprécier
Je _____	Je surveille	J' _____
Tu _____	Tu _____	Tu _____
Elle _____	Il _____	On _____
Nous _____	Nous _____	Nous apprécions
Vous prêtez	Vous _____	Vous _____
Ils _____	Elles _____	Ils _____

Déjouer	Multiplier	Travailler
Je _____	Je _____	Je travaille
Tu _____	Tu _____	Tu _____
Elle _____	On _____	Il _____
Nous _____	Nous multiplions	Nous _____
Vous déjouez	Vous _____	Vous _____
Ils _____	Ils _____	Elles _____

2 Conjugue à l'indicatif présent les verbes réguliers en *-er* entre parenthèses.

a) Kathy et Vladimir (ajouter) _____ leurs denrées dans les paniers de Noël.

b) (Rechercher) _____-tu un jouet particulier à offrir en cadeau ?

c) Victor et moi, nous (présenter) _____ une fable au spectacle de Noël.

3 À l'aide du verbe modèle *finir*, conjugue à l'indicatif présent les verbes réguliers en *-ir* suivants.

Finir
Je fini**s**
Tu fini**s**
Il / elle, on fini**t**
Nous finiss**ons**
Vous finiss**ez**
Ils / elles finiss**ent**

Vieillir	Atterrir	Avertir
Je vieillis	J'	J'
Tu	Tu	Tu avertis
On	Elle	Il
Nous vieillissons	Nous	Nous
Vous	Vous	Vous
Elles	Ils atterrissent	Elles

4 Conjugue à l'indicatif présent les verbes réguliers en *-ir* entre parenthèses.

a) Nous (franchir) _____ bravement ce pont suspendu.

b) Les ouvriers (élargir) _____ la rue.

c) Tu (embellir) _____ la situation.

d) Vous (grandir) _____ trop vite !

e) Le lion (bondir) _____ sur sa proie.

f) Si tu me le permets, je (choisir) _____ le chou à la crème.

g) Toi et moi (agir) _____ de la bonne façon.

5 Conjugue à l'indicatif présent les verbes irréguliers suivants.

Aller	Avoir	Être
Je vais	J'	Je
Tu	Tu as	Tu
Il	Elle	Elle est
Nous allons	Nous	Nous
Vous	Vous	Vous êtes
Ils	Elles ont	Elles

L'imparfait mode indicatif   Activité 32

> L'imparfait sert à situer dans le passé une action ou un fait en train de se réaliser.
> Ex. : *Hier, je **lisais** quand tu as téléphoné.*

1 Remarque les terminaisons en gras de l'imparfait. Ce sont les mêmes pour tous les verbes réguliers et irréguliers.

Verbes réguliers		Verbes irréguliers	
en *-er*	en *-ir*	en *-ir*, en *-oir* et en *-re*	
Aimer	*Finir*	*Savoir*	*Mordre*
J'aim**ais**	Je finiss**ais**	Je sav**ais**	Je mord**ais**
Tu aim**ais**	Tu finiss**ais**	Tu sav**ais**	Tu mord**ais**
Il / elle, on aim**ait**	Il / elle, on finiss**ait**	Il / elle, on sav**ait**	Il / elle, on mord**ait**
Nous aim**ions**	Nous finiss**ions**	Nous sav**ions**	Nous mord**ions**
Vous aim**iez**	Vous finiss**iez**	Vous sav**iez**	Vous mord**iez**
Ils / elles aim**aient**	Ils / elles finiss**aient**	Ils / elles sav**aient**	Ils / elles mord**aient**

> Pour former l'imparfait facilement, utilise le radical du verbe à la 1re personne du pluriel de l'indicatif présent et ajoute les terminaisons de l'imparfait : *-ais, -ais, -ait, -ions, -iez, -aient*.
> Ex. :

verbe *partir*	indicatif présent 1re pers. pl.	imparfait
	*nous **part**ons*	*je **part**ais, tu **part**ais, il **part**ait, nous **part**ions...*

> Exception : Cette règle ne fonctionne pas pour le verbe *être* :
> - indicatif présent - *nous sommes* ;
> - imparfait - *j'étais, tu étais, il était, nous étions...*

2 Conjugue à l'imparfait les verbes réguliers en *-er* et en *-ir* suivants.

Penser	Oublier	Polir	Mûrir
Je _____	J' _____	Je _____	Je _____
Tu _____	Tu _____	Tu _____	Tu _____
Elle _____	On _____	Il _____	Elle _____
Nous _____	Nous oubliions	Nous _____	Nous _____
Vous _____	Vous _____	Vous _____	Vous _____
Ils _____	Elles _____	Ils _____	Ils _____

3 Conjugue les verbes suivants à la 1re personne du pluriel de l'indicatif présent.

a) courir : _____   e) aller : _____

b) sortir : _____   f) écrire : _____

c) voir : _____   g) faire : _____

d) avoir : _____   h) rire : _____

4 Utilise le radical de tes réponses de l'exercice 3 pour conjuguer à l'imparfait les verbes irréguliers suivants.

Courir	Sortir	Voir	Avoir
Je	Je	Je	J'
Tu	Tu	Tu	Tu
Elle	Il	Elle	On
Nous	Nous	Nous voyions	Nous
Vous	Vous	Vous	Vous
Ils	Elles	Ils	Ils

Aller	Écrire	Faire	Rire
J'	J'	Je	Je
Tu	Tu	Tu	Tu
Elle	Il	On	On
Nous	Nous	Nous	Nous
Vous	Vous	Vous	Vous riiez
Elles	Elles	Ils	Ils

5 Comme tu l'as vu à la page précédente, le verbe *être* ne suit pas la règle de formation de l'imparfait. Conjugue-le.

j'étais _____   nous _____

tu _____   vous _____

il / elle, on _____   ils / elles _____

Le futur simple mode indicatif

Le futur simple sert à exprimer une action ou un fait qui aura lieu dans l'avenir.
Ex. : *Ton amie **arrivera** vers 13 h 30.*

1 À l'aide du verbe modèle *aimer*, conjugue au futur simple les verbes réguliers en *-er* suivants.

Aimer
J'aim**erai**
Tu aim**eras**
Il / elle, on aim**era**
Nous aim**erons**
Vous aim**erez**
Ils / elles aim**eront**

Chercher	Clouer	Étudier
Je _____	Je clouerai	J' _____
Tu _____	Tu _____	Tu _____
Elle _____	Il _____	On _____
Nous _____	Nous _____	Nous étudierons
Vous chercherez	Vous _____	Vous _____
Ils _____	Elles _____	Ils _____

2 Conjugue au futur simple les verbes réguliers en *-er* entre parenthèses.

a) Samedi prochain, ma mère (cuisiner) _____ de bons petits plats.

b) Kevin et Marie-Claude (attraper) _____ des têtards.

c) Tout à l'heure, nous (regarder) _____ un film.

d) L'été prochain, vous (visiter) _____ le Saguenay.

e) Maxime (accompagner) _____ sa mère au marché.

f) On (frapper) _____ trois coups avant d'entrer.

g) Vous (consulter) _____ le dictionnaire pour corriger vos copies.

h) Pour le dessert, je (croquer) _____ dans une belle pomme rouge.

i) Demain, tu (parler) _____ de cela à ton enseignante.

j) Après ton bain, Rania (coiffer) _____ tes cheveux.

3 À l'aide du verbe modèle *finir*, conjugue au futur simple les verbes réguliers en *-ir* suivants.

Finir
Je fini**rai**
Tu fini**ras**
Il / elle, on fini**ra**
Nous fini**rons**
Vous fini**rez**
Ils / elles fini**ront**

Saisir	Punir	Rougir	Rugir
Je saisirai	Je	Je	Je
Tu	Tu puniras	Tu	Tu
Elle	Il	On rougira	On
Nous	Nous	Nous	Nous rugirons
Vous	Vous	Vous	Vous
Ils	Elles	Ils	Ils

4 Conjugue au futur simple les verbes réguliers en *-ir* entre parenthèses.

a) Dimanche prochain, nous (gravir) _____ encore une fois ce mont.

b) Demain, la coiffeuse (rafraîchir) _____ ta coupe de cheveux.

c) L'an prochain, tu (approfondir) _____ cette matière.

d) Ces glaçons (refroidir) _____ ton jus.

e) Quand j'aurai deux minutes, je (réfléchir) _____ à la question.

f) Avant de partir, vous (remplir) _____ vos sacs à dos de provisions.

5 Conjugue au futur simple les verbes irréguliers suivants.

Avoir	Être	Aller
J'	Je	J'irai
Tu	Tu	Tu
Elle	Il	Elle
Nous	Nous	Nous
Vous aurez	Vous	Vous
Ils	Elles seront	Ils

Le futur proche

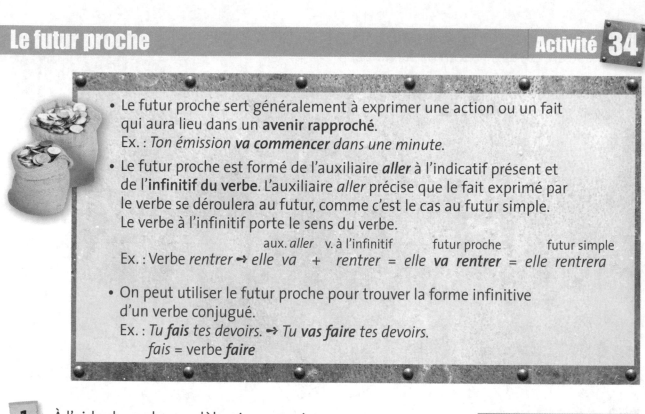

- Le futur proche sert généralement à exprimer une action ou un fait qui aura lieu dans un **avenir rapproché**.
  Ex. : *Ton émission **va commencer** dans une minute.*

- Le futur proche est formé de l'auxiliaire ***aller*** à l'indicatif présent et de l'**infinitif du verbe**. L'auxiliaire *aller* précise que le fait exprimé par le verbe se déroulera au futur, comme c'est le cas au futur simple. Le verbe à l'infinitif porte le sens du verbe.

  aux. *aller*   v. à l'infinitif   futur proche   futur simple
  Ex. : Verbe *rentrer* → *elle va*   +   *rentrer*   =   *elle **va rentrer*** = *elle rentrera*

- On peut utiliser le futur proche pour trouver la forme infinitive d'un verbe conjugué.
  Ex. : *Tu **fais** tes devoirs.* → *Tu **vas faire** tes devoirs.*
       fais = verbe ***faire***

1 À l'aide du verbe modèle *aimer*, conjugue au futur proche les verbes réguliers en *-er* suivants. Remarque la terminaison en *-er* du verbe à l'infinitif.

Aimer
Je vais aimer
Tu vas aimer
Il / elle, on va aimer
Nous allons aimer
Vous allez aimer
Ils / elles vont aimer

Écouter	Marcher	Partager
Je _____	Je vais marcher	Je _____
Tu _____	Tu _____	Tu _____
Elle _____	Il _____	On _____
Nous _____	Nous _____	Nous allons partager
Vous allez écouter	Vous _____	Vous _____
Ils _____	Elles _____	Ils _____

2 Conjugue au futur proche les verbes réguliers en *-er* entre parenthèses.

a) Je (arriver) _____ par bateau.

b) Mon ami Carl (rester) _____ à coucher chez moi.

c) Tu (commencer) _____ ton camp d'été le 7 juillet.

d) Nous (jouer) _____ aux cartes.

3 À l'aide du verbe modèle *finir*, conjugue au futur proche les verbes réguliers en *-ir* suivants.

Finir
Je vais finir
Tu vas finir
Il / elle, on va finir
Nous allons finir
Vous allez finir
Ils / elles vont finir

Réagir	Embellir	Réfléchir
Je	Je	Je
Tu	Tu	Tu vas réfléchir
Il	Elle va embellir	On
Nous allons réagir	Nous	Nous
Vous	Vous	Vous
Ils	Elles	Ils

4 Conjugue au futur proche les verbes réguliers en *-ir* entre parenthèses.

a) Est-ce que tu (obéir) _____ à la fin !

b) Ces couleurs (pâlir) _____ au lavage.

c) En passant vos étés sur la plage, vous (blondir) _____ .

d) Sébastien (ralentir) _____ le pas jusqu'à ce que tu le rejoignes.

e) Je (garnir) _____ le sapin de Noël de guirlandes.

f) Nous (définir) _____ ce mot.

5 Conjugue au futur proche les verbes irréguliers suivants.

Aller	Avoir	Être
Je	Je	Je vais être
Tu	Tu	Tu
Il va aller	Elle	On
Nous	Nous allons avoir	Nous
Vous	Vous	Vous
Ils	Elles	Ils

Le conditionnel présent mode indicatif Activité 35

- Le conditionnel présent sert à exprimer une action ou un fait qui pourrait se réaliser à une certaine condition.
  Ex. : *Si j'étais une bonne nageuse, je **m'entraînerais** pour le triathlon.*
- Le conditionnel présent sert également à exprimer une action ou un fait souhaité ou imaginaire.
  Ex. : *Plus tard, Coralie **aimerait** devenir écrivaine.*
  *Dans le film, Xavier **respirerait** sous l'eau, comme un poisson.*

1 À l'aide du verbe modèle *aimer*, conjugue au conditionnel présent les verbes réguliers en *-er* suivants.

Aimer
J'aim**erais**
Tu aim**erais**
Il / elle, on aim**erait**
Nous aim**erions**
Vous aim**eriez**
Ils / elles aim**eraient**

Créer	Dénouer	Skier
Je	Je dénouerais	Je
Tu	Tu	Tu
Elle	Il	On skierait
Nous	Nous	Nous
Vous créeriez	Vous	Vous
Ils	Elles	Ils

2 Conjugue au conditionnel présent les verbes réguliers en *-er* entre parenthèses.

a) S'il faisait beau, vous (naviguer) _____ sur le lac.

b) Si Léo le pouvait, il (jouer) _____ au golf.

c) Ils (souhaiter) _____ gagner la course.

d) Nous (élaborer) _____ un plan stratégique.

e) Vous nous (donner) _____
des renseignements secrets.

f) Je (féliciter) _____ volontiers
les gagnants si je n'étais pas le premier.

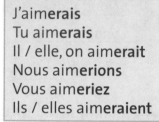

3 À l'aide du verbe modèle *finir*, conjugue au conditionnel présent les verbes réguliers en -*ir* suivants.

Finir
Je fini**rais**
Tu fini**rais**
Il / elle, on fini**rait**
Nous fini**rions**
Vous fini**riez**
Ils / elles fini**raient**

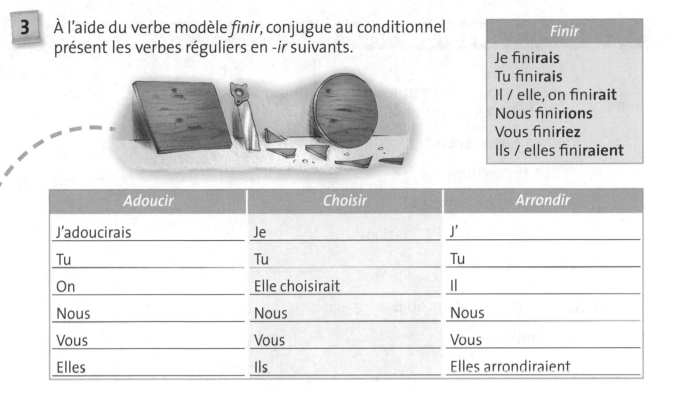

Adoucir	*Choisir*	*Arrondir*
J'adoucirais	Je	J'
Tu	Tu	Tu
On	Elle choisirait	Il
Nous	Nous	Nous
Vous	Vous	Vous
Elles	Ils	Elles arrondiraient

4 Conjugue au conditionnel présent les verbes réguliers en -*ir* entre parenthèses.

a) Si c'était possible, nous (reverdir) _____ cette aire de jeu pour les enfants.

b) Avec un peu de détermination, vous (agir) _____ immédiatement.

c) Je ne savais pas que cette plante (refleurir) _____.

d) Si je t'envoyais plein de bisous, (guérir) _____-tu plus vite ?

e) Croyaient-ils vraiment qu'ils (réussir) _____ à nous trouver ?

f) Est-ce que tu (bâtir) _____ une cabane dans l'arbre avec moi ?

5 Conjugue au conditionnel présent les verbes irréguliers suivants.

Avoir	*Être*	*Aller*
J'	Je	J'irais
Tu	Tu	Tu
Elle	Il	Elle
Nous	Nous	Nous
Vous auriez	Vous	Vous
Ils	Elles seraient	Ils

Révision – La conjugaison des verbes   Activité **36**

1 Souligne le verbe dans chaque phrase. Ensuite, pour trouver l'infinitif du verbe, récris la phrase en conjuguant le verbe au futur proche.

a) J'emballe son cadeau.   _____

b) Tu fais tes divisions.   _____

c) Elle oublie sa promesse !   _____

d) Nous ajoutons des décorations.   _____

e) Vous dites la vérité.   _____

2 Mets les verbes suivants au participe présent.

a) accumuler   _____   f) aller   _____

b) être   _____   g) clôturer   _____

c) calculer   _____   h) épaissir   _____

d) grandir   _____   i) avoir   _____

e) noircir   _____   j) durcir   _____

3 Souligne le verbe conjugué dans chaque phrase. Ensuite, indique :
- sa forme à l'infinitif présent ;
- son mode et son temps ;
- sa personne et son nombre.

Ex. : Vous <u>réussissez</u> très bien cet exercice physique.

Verbe « réussir », indicatif présent, 2ᵉ personne du pluriel.

a) Avant, Océane raffolait de la tire d'érable.

_____

b) Le printemps prochain, nous refleurirons le jardin.

_____

c) Est-ce que tu étudierais tes multiplications avec moi ?

_____

d) En novembre, les journées raccourcissent dangereusement.

_____

e) Je créerai un nouveau personnage pour mon histoire.

_____

4 À l'aide des indices dans la phrase, conjugue les verbes au temps approprié.

a) Demain, j'(organiser) _____ la fête pour Julie.

b) Aujourd'hui, vous (choisir) _____ votre sujet de recherche.

c) Nous n'(abandonner) _____ pas nos amis.

d) Autrefois, les élèves (marcher) _____ de longues distances jusqu'à l'école.

e) À l'avenir, nous (finir) _____ nos portions de légumes !

f) Présentement, ils (avoir) _____ de la visite et ils en (profiter) _____ bien !

g) Si je le pouvais, je (remplir) _____ mon aquarium de poissons.

h) Quand il (être) _____ tout petit, il (détester) _____ les brocolis.

i) Quand tu (aller) _____ au secondaire, tu (avoir) _____ un ordinateur à toi.

j) Hier, Gaëlle (rencontrer) _____ sa nouvelle gardienne.

5 Indique le mode et le temps au-dessus de chaque verbe en gras.

Une vraie maison de Hobbit ?

Tous les ans, mes parents nous **préparent** une sortie spéciale. Aujourd'hui, en **rentrant** de l'école, ils nous **annoncent** que cette année, la sortie **sera** exceptionnelle. Nous **allons habiter** dans une maison troglodytique durant toute une fin de semaine ! Nous **applaudissons** de joie. Mon frère et moi, nous **sommes** tout excités rien que d'y **penser**...

Les Hobbits **vivent** dans ces maisons troglodytiques. Mais, les Hobbits n'**existent** pas pour vrai ! Alors, qui **demeurait** autrefois dans ces maisons ? Des humains, comme nous ? Plus je **réfléchis** et plus je me **dis** que c'**est** possible. Personnellement, je **rencontrerais** volontiers un Hobbit !

7 Des phrases à construire

La phrase

Activité 37

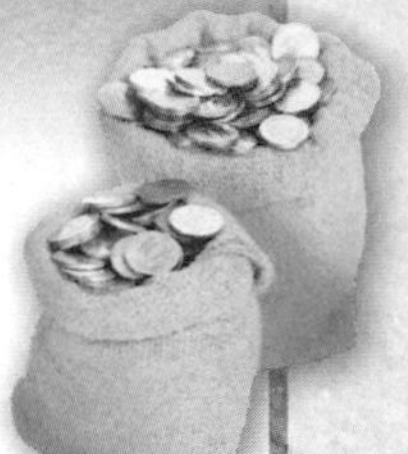

- La phrase est une suite de mots disposés dans un certain ordre pour former un tout qui a du sens.
  Ex. : *Les cumulonimbus sont menaçants.* ~~*Sont cumulonimbus les menaçants.*~~
- En général, la phrase commence par une majuscule et se termine par un point.
  Ex. : ***L**a pluie tombe à torrents**.***

- Dans la phrase, il y a deux constituants obligatoires : le **sujet** et le **prédicat**. On ne peut pas effacer le sujet ni le prédicat. En général, le sujet précède le prédicat.

- Le sujet indique **de qui on parle** ou **de quoi on parle**.
- Le prédicat indique **ce qu'on dit du sujet**.

	sujet		prédicat
Ex. :	*Le garçon*	/	*met son imperméable.*
	Le chemin de terre	/	*est détrempé.*

• Le sujet est très souvent formé d'un **groupe du nom (GN)** ou d'un **pronom**.	• Le prédicat est toujours formé d'un **verbe conjugué**, seul ou accompagné d'autres mots.

1 Lis les phrases ci-dessous. Ensuite, à la page suivante, écris **de qui on parle** ou **de quoi on parle** dans la colonne de gauche, et écris **ce qu'on dit du sujet** dans la colonne de droite.

a) Ma mère a fermé toutes les fenêtres.

b) Virginie aime les tempêtes.

c) Le ciel est sombre.

d) Mes bottes de pluie prennent l'eau.

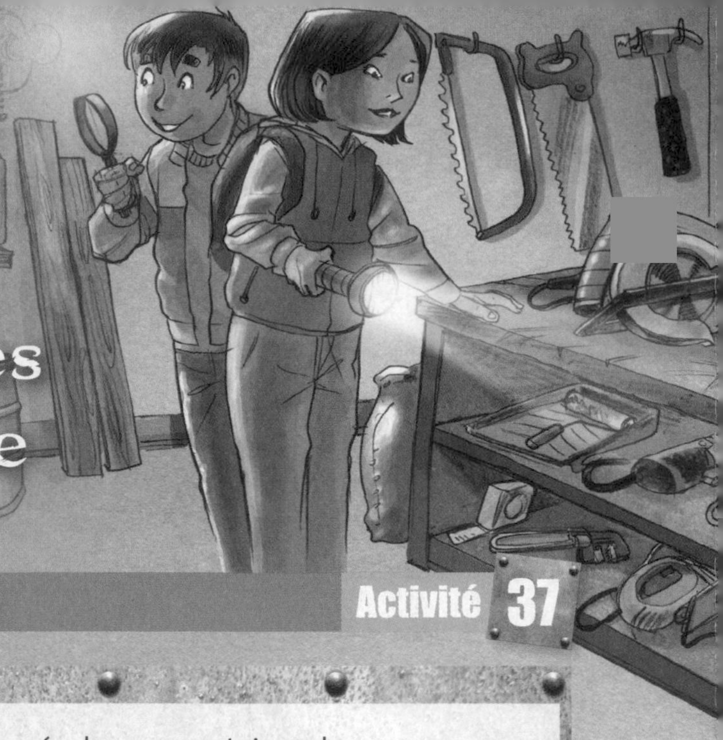

De qui parle-t-on
ou de quoi parle-t-on ?

Que dit-on du sujet ?

a) _____   _____

b) _____   _____

c) _____   _____

d) _____   _____

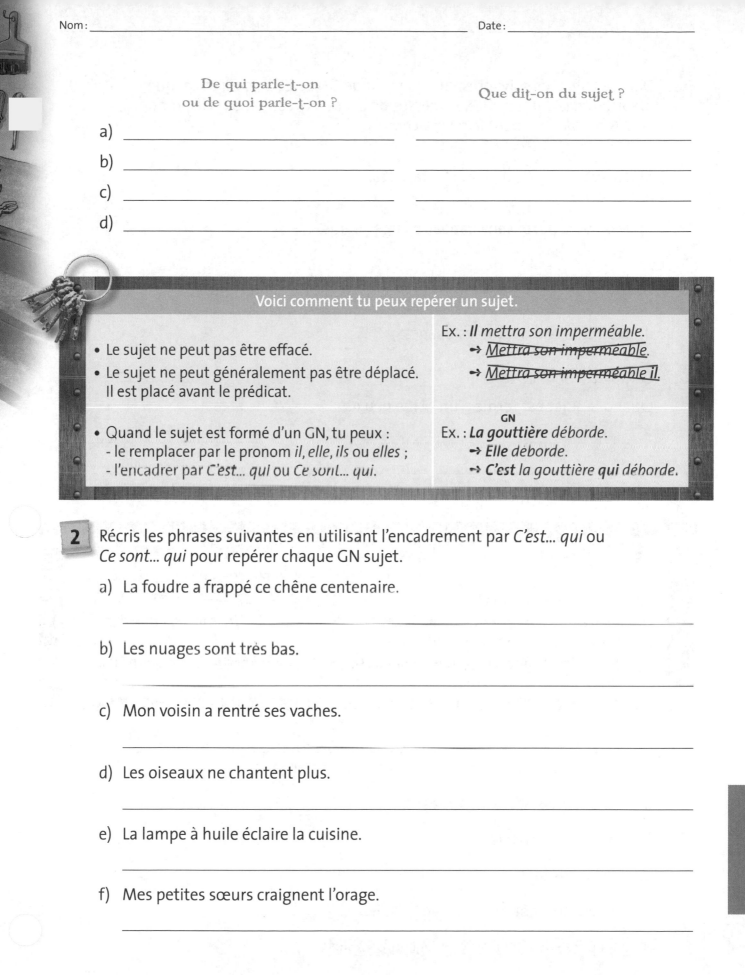

Voici comment tu peux repérer un sujet.

- Le sujet ne peut pas être effacé.

- Le sujet ne peut généralement pas être déplacé. Il est placé avant le prédicat.

Ex. : *Il mettra son imperméable.*
→ ~~Mettra son imperméable.~~
→ ~~Mettra son imperméable il.~~

- Quand le sujet est formé d'un GN, tu peux :
  - le remplacer par le pronom *il, elle, ils* ou *elles* ;
  - l'encadrer par *C'est... qui* ou *Ce sont... qui.*

GN
Ex. : *La gouttière déborde.*
→ *Elle déborde.*
→ *C'est* la gouttière **qui** *déborde.*

2 Récris les phrases suivantes en utilisant l'encadrement par *C'est... qui* ou *Ce sont... qui* pour repérer chaque GN sujet.

a) La foudre a frappé ce chêne centenaire.

_____

b) Les nuages sont très bas.

_____

c) Mon voisin a rentré ses vaches.

_____

d) Les oiseaux ne chantent plus.

_____

e) La lampe à huile éclaire la cuisine.

_____

f) Mes petites sœurs craignent l'orage.

_____

3 Dans les phrases suivantes, surligne chaque GN sujet en bleu et chaque prédicat en jaune. Ensuite, au-dessus de chaque GN sujet, écris le pronom *il, elle, ils* ou *elles* qui peut le remplacer.

a) L'averse de grêle a abîmé les récoltes.

b) Mon père porte son chapeau à larges bords.

c) Hanna et Valérie attendent le retour du soleil.

d) Les vents chasseront les nuages.

4 Complète l'énoncé suivant.

Quand le sujet est formé d'un GN, je peux :

• _____

• _____

Voici comment tu peux repérer un prédicat.

- Le prédicat ne peut pas être effacé.
- Le prédicat ne peut généralement pas être déplacé. Il est placé après le sujet.
- Le prédicat est formé d'un **verbe conjugué**, seul ou accompagné d'autres mots.

Ex. : *Il **mettra son imperméable**.*

➙ *Il* ~~_____~~.

➙ ***Mettra son imperméable** il.*

v.
➙ *Il **mettra son imperméable**.*

---

5 Dans les phrases suivantes, encercle chaque GN sujet. Ensuite, souligne le verbe conjugué dans chaque prédicat surligné en jaune.

a) La tempête secoue les arbres.

b) Les vents sont violents.

c) La pluie tombe.

d) Ce petit toit nous protège de la pluie.

e) Mia porte des bottes de pluie confortables.

En plus du sujet et du prédicat, la phrase peut avoir un ou plusieurs constituants facultatifs : le complément de phrase (compl. de P).

         sujet   prédicat   compl. de P

Ex. : [*Les enfants*] [*jouaient aux dominos*] [***pendant la tempête***].

6 Dans les phrases suivantes, raye les mots qui ne te semblent pas essentiels.

a) Tu fermeras la fenêtre avant de partir.

b) Nous irons à l'épicerie après l'orage.

c) Adid doit marcher vite afin de ne pas rater l'autobus.

d) Les gens parlaient de l'orage à l'école.

Voici comment tu peux repérer un complément de phrase.

- Le complément de phrase peut être formé d'un mot ou d'un groupe de mots.
- Le complément de phrase peut être effacé.
- Le complément de phrase peut être déplacé.

Ex. : *Ils jouaient aux dominos **hier**.*
*Ils jouaient aux dominos **pendant la tempête**.*

→ *Ils jouaient aux dominos* ~~———~~ .

→ ***Pendant la tempête**, ils jouaient aux dominos.*

Note : Pour identifier un complément de phrase, il faut pouvoir l'effacer **et** le déplacer.

---

7 Pour vérifier tes réponses de l'exercice 6, récris les phrases en déplaçant le complément de phrase en tête de phrase. Ajoute une virgule après chaque complément de phrase déplacé.

a) _____

b) _____

c) _____

d) _____

8 Classe les compléments de phrases de l'exercice 7 dans le tableau ci-dessous, selon le sens qu'ils expriment.

Lieu	
Temps	
But	

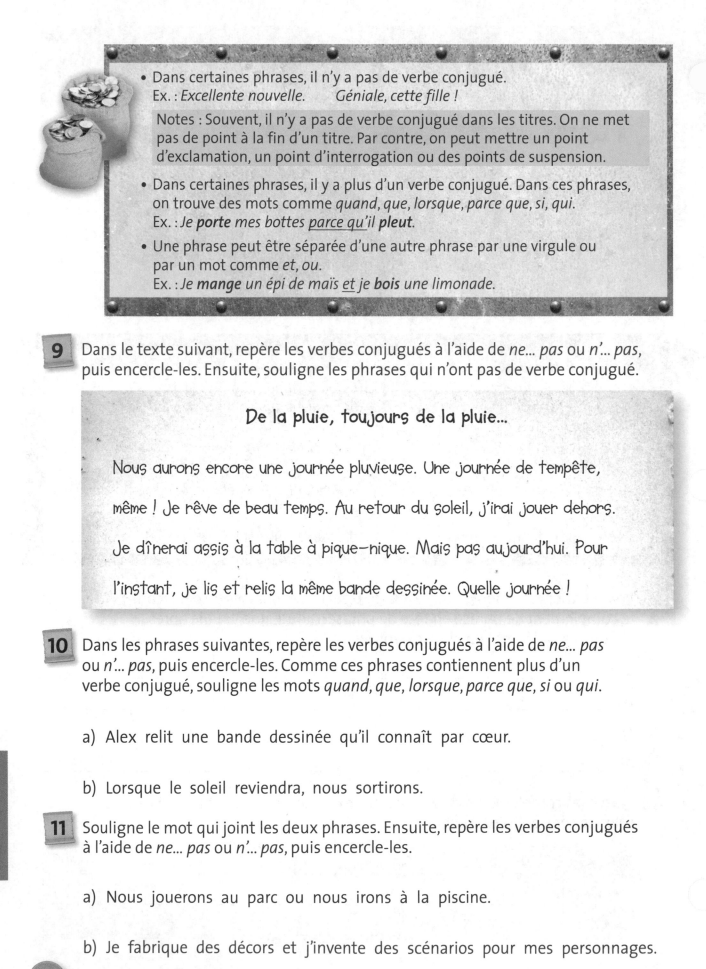

- Dans certaines phrases, il n'y a pas de verbe conjugué.
  Ex. : *Excellente nouvelle.*   *Géniale, cette fille !*

  > Notes : Souvent, il n'y a pas de verbe conjugué dans les titres. On ne met pas de point à la fin d'un titre. Par contre, on peut mettre un point d'exclamation, un point d'interrogation ou des points de suspension.

- Dans certaines phrases, il y a plus d'un verbe conjugué. Dans ces phrases, on trouve des mots comme *quand, que, lorsque, parce que, si, qui.*
  Ex. : *Je **porte** mes bottes <u>parce qu'</u>il **pleut**.*

- Une phrase peut être séparée d'une autre phrase par une virgule ou par un mot comme *et, ou.*
  Ex. : *Je **mange** un épi de maïs <u>et</u> je **bois** une limonade.*

9 Dans le texte suivant, repère les verbes conjugués à l'aide de *ne... pas* ou *n'... pas*, puis encercle-les. Ensuite, souligne les phrases qui n'ont pas de verbe conjugué.

De la pluie, toujours de la pluie...

Nous aurons encore une journée pluvieuse. Une journée de tempête,

même ! Je rêve de beau temps. Au retour du soleil, j'irai jouer dehors.

Je dînerai assis à la table à pique-nique. Mais pas aujourd'hui. Pour

l'instant, je lis et relis la même bande dessinée. Quelle journée !

10 Dans les phrases suivantes, repère les verbes conjugués à l'aide de *ne... pas* ou *n'... pas*, puis encercle-les. Comme ces phrases contiennent plus d'un verbe conjugué, souligne les mots *quand, que, lorsque, parce que, si* ou *qui*.

a) Alex relit une bande dessinée qu'il connaît par cœur.

b) Lorsque le soleil reviendra, nous sortirons.

11 Souligne le mot qui joint les deux phrases. Ensuite, repère les verbes conjugués à l'aide de *ne... pas* ou *n'... pas*, puis encercle-les.

a) Nous jouerons au parc ou nous irons à la piscine.

b) Je fabrique des décors et j'invente des scénarios pour mes personnages.

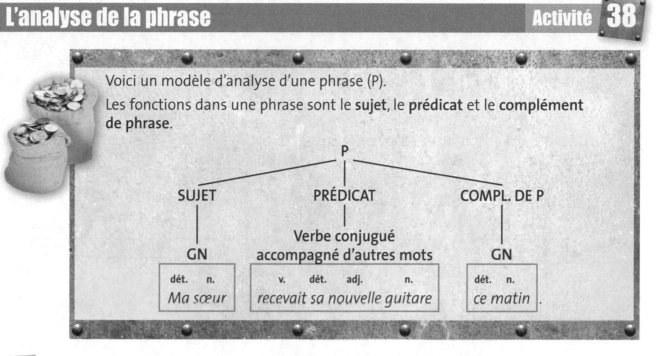

Voici un modèle d'analyse d'une phrase (P).

Les fonctions dans une phrase sont le **sujet**, le **prédicat** et le **complément de phrase**.

1 À l'aide du modèle ci-dessus, fais l'analyse des phrases suivantes.

a) Mon grand frère aura une batterie neuve l' année prochaine .

b) Effie écoute les musiciens ambulants .

2 Rétablis l'ordre dans les suites de mots pour en faire des phrases et ajoute les majuscules et les points nécessaires. Ensuite, récris ces phrases dans les encadrés ci-dessous et complètes-en l'analyse.

a) mélodie   joue   belle   une   Tristan

_____

b) sont   ces   épatants   saxophonistes

_____

c) harmonie   annuel   l'   fera   concert   son   scolaire

_____

	GN	Verbe conjugué accompagné d'autres mots
a)		.

	GN	Verbe conjugué accompagné d'autres mots
b)		.

	GN	Verbe conjugué accompagné d'autres mots
c)		.

Les types de phrases

Parmi les différents types de phrases qui existent, il y a des phrases qui servent à **faire des déclarations**, des phrases qui servent à **formuler des ordres ou des conseils** et des phrases qui servent à **poser des questions**.

1 Lis le texte suivant dans lequel les phrases servent :
- à faire des déclarations ;
- à formuler des ordres ou des conseils ;
- à poser des questions.

Les déserts

(1) Les déserts couvrent près d'un tiers de la surface des continents.

(2) Le désert le plus célèbre se trouve sur le continent américain.

(3) Il s'appelle la Vallée de la Mort. (4) Est-ce que ce nom évoque des images dans votre tête ? (5) Vous effraie-t-il ?

(6) La vie est très difficile dans les déserts. (7) Ils sont donc peu habités. (8) Pourtant, certains peuples nomades y vivent. (9) Croyez-moi ! (10) Par exemple, les Touaregs vivent dans le Sahara, le plus grand désert au monde. (11) Ils s'y déplacent constamment avec leurs troupeaux de dromadaires pour trouver les rares points d'eau.

(12) Selon vous, existe-t-il des déserts froids ? (13) N'en doutez pas un instant ! (14) Le désert de Gobi, en Mongolie, est froid en hiver. (15) Les températures peuvent y atteindre −40 °C. (16) Par contre, en été, le mercure monte jusqu'à +45 °C. (17) Le saviez-vous ?

2 Écris le numéro des phrases selon leur type dans le tableau ci-dessous.

Paragraphes	Phrases qui sont des déclarations	Phrases qui sont des ordres ou des conseils	Phrases qui sont des questions
Premier paragraphe			
Deuxième paragraphe			
Troisième paragraphe			

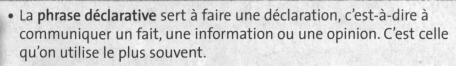

> • La **phrase déclarative** sert à faire une déclaration, c'est-à-dire à communiquer un fait, une information ou une opinion. C'est celle qu'on utilise le plus souvent.
> • Elle se termine généralement par un point (.).
>   Ex. : *Les déserts occupent une grande partie de l'Australie.*
> • La phrase déclarative peut servir à construire d'autres types de phrases.

3 Dans le texte suivant, souligne les phrases déclaratives.

Une histoire qui finit bien !

Les jumeaux, Gaëlle et Jules, ont porté secours à un petit garçon égaré. Leur mère les accueille.

« Il devait être vraiment content de rentrer chez lui. Comment avez-vous trouvé son adresse ? Vous êtes allés au poste de police. Vous avez eu une excellente idée. Avez-vous accompagné le garçon chez lui avec les policiers ? Je suis fière de vous. Prenez votre collation. Elle est bien méritée. »

4 Réponds aux questions suivantes à l'aide de phrases déclaratives.

a) À qui appartient cette bicyclette bleu royal ?

_____

b) Quel mets Juliette préfère-t-elle ?

_____

c) Où irons-nous demain ?

_____

d) Pourquoi le chat miaule-t-il ?

_____

e) Que cherches-tu ?

_____

5 Écris deux phrases déclaratives.

• Ce dont tu rêves le plus : _____

• Le pays que tu aimerais visiter : _____

- La **phrase impérative** sert à formuler un ordre ou un conseil.
- Elle comprend un verbe conjugué qui n'a pas de sujet exprimé.
  Elle est donc construite avec :
  - un prédicat (constituant obligatoire) ;
  - un ou plusieurs compléments de phrase (constituants facultatifs).
- Elle se termine par un point (**.**) ou par un point d'exclamation (**!**).
  Ex. : *Remplissez vos bouteilles d'eau.*
  Pendant la randonnée, prends soin de ta cousine !

6 Souligne les phrases impératives dans le texte suivant.

Il est impératif d'écouter papa !

Marc-Antoine et sa cousine Claudia s'apprêtent à partir pour une randonnée à bicyclette et à trottinette. Le père de Marc-Antoine leur fait ses recommandations. Est-ce que ce sera long ? Allons voir !

« Est-ce que vous avez vos casques et vos espadrilles ?

Ne quittez pas la piste cyclable.

Marc-Antoine, ne roule pas trop vite.

Attends ta cousine.

Elle est à trottinette et elle ne pourra pas aller aussi vite que toi.

Restez à droite et soyez prudents !

Vous devez être de retour pour le souper. »

7 Dans les phrases suivantes, souligne les prédicats et encadre les compléments de phrase s'il y a lieu. À droite, écris le pronom sujet (*tu*, *nous* ou *vous*) qui est sous-entendu.

a) Apportons les bouteilles d'eau. _____

b) Fais tes exercices d'échauffement d'abord. _____

c) Ensuite, mettez vos casques. _____

d) Sur la piste, roulez l'un derrière l'autre. _____

e) Sois attentif aux autres cyclistes. _____

- La **phrase interrogative** sert à poser une question.
- Elle se termine toujours par un point d'interrogation (**?**).
- Elle doit aussi comprendre une marque interrogative comme l'expression *Est-ce que*, le déplacement du pronom sujet ou un mot interrogatif (*qui, où, quand*, etc.).
  Ex. : ***Est-ce qu'**il reste des chameaux sauvages dans le désert de Gobi ?*

8 Souligne les phrases interrogatives dans le texte suivant.

Est-ce que c'est un chameau ou un dromadaire ?

Comment peut-on distinguer le chameau du dromadaire ? Le chameau a deux bosses. Il est originaire d'Asie et il résiste au froid. Le dromadaire, lui, a seulement une bosse. Il vient d'Arabie et il peut supporter la chaleur. Que contiennent ces bosses ? Elles contiennent de la graisse et non de l'eau comme plusieurs le croient. À quoi servent ces bosses ? Entre autres, elles servent à protéger leur cœur et leurs poumons des rayons du soleil.

Les chameaux et les dromadaires peuvent absorber 130 litres d'eau à la fois. Quelle quantité incroyable cela fait ! Et combien de jours peuvent-ils marcher après avoir bu toute cette eau ? Ils peuvent marcher pendant environ 17 jours.

Voici deux façons de transformer une phrase déclarative en phrase interrogative.

Ajout de l'expression *Est-ce que*	
- On ajoute *Est-ce que* au début de la phrase.	Ex. : *Ils ont trouvé une oasis.* → ***Est-ce qu'**ils ont trouvé une oasis ?*
Déplacement du pronom	
- On déplace le pronom sujet après le verbe. - On insère un trait d'union entre le verbe et le pronom.	Ex. : *Tu voyageras à dos de chameau.* → *Voyageras-**tu** à dos de chameau ?*

Les phrases interrogatives ainsi formées amènent une réponse par *oui* ou par *non*.

9 Transforme les phrases déclaratives en phrases interrogatives.

- Utilise l'expression interrogative *Est-ce que* et la bonne ponctuation à la fin de la phrase.

a) Patrice a vu le toucan.

_____

b) Vous irez dans les jeux d'eau après la visite.

_____

c) Les enfants pourront nourrir certains animaux.

_____

- Déplace le pronom sujet après le verbe et utilise la bonne ponctuation à la fin de la phrase.

d) Nous irons au zoo vendredi.

_____

e) Tu auras peur des tigres et des lions.

_____

f) Vous visiterez les vivariums de reptiles.

_____

10 Formule une question qui permet d'obtenir chacune des réponses suivantes. Dans ta question, déplace le pronom sujet après le verbe et assure-toi de conjuguer le verbe à la bonne personne.

Exemple : Oui, nous avons nos billets d'entrée pour le zoo.
Avez-vous vos billets d'entrée pour le zoo ?

a) Non, je ne retourne pas à l'école après la visite au zoo.

_____

b) Oui, nous racontions notre visite à nos parents.

_____

c) Oui, je tenterai de trouver le perroquet adopté par Lise.

_____

d) Non, nous n'allons pas voir le condor des Andes voler.

_____

Voici une troisième façon de transformer une phrase déclarative en phrase interrogative.

Utilisation d'un mot interrogatif

- On remplace un mot ou un groupe de mots par un mot interrogatif.

- Qui est-ce qui	Ex. : *Rosalie* s'en va au zoo.
- Qu'est-ce que	→ **Qui est-ce qui** s'en va au zoo ?
- Qu'est-ce qui	
- Combien (combien de)	Tu as vu <u>trois</u> lions.
- Comment	→ **Combien de** lions as-tu vus ?
- Où	
- Pourquoi	*Wilson* va partager son goûter avec toi.
- Quand	→ **Qui** va partager son goûter avec toi ?
- Que	
- Qui	*Le dromadaire* est son animal préféré.
- Quoi	→ **Quel** est son animal préféré ?
- Quel / quelle, quels / quelles	

11 Relie la question de la colonne de gauche à sa réponse dans la colonne de droite. Dans les questions, souligne les mots interrogatifs et les points d'interrogation.

a) Où allons-nous aujourd'hui ?	Je prendrai des photos pour garder des souvenirs de cette sortie.
b) Comment ferais-je pour garder des souvenirs de cette sortie ?	L'éléphant m'impressionne vraiment.
c) Pourquoi Riad n'approche-t-il pas de la cage ?	Aujourd'hui, nous allons au zoo.
d) Que veux-tu voir avant tout ?	Il n'approche pas de la cage parce qu'il a peur des tigres.
e) Lili, quel animal t'impressionne vraiment ?	Avant tout, je veux voir les singes.

12 Remplace le mot ou le groupe de mots en gras par *Combien de, Quels* ou *Qui* et utilise la bonne ponctuation à la fin de la phrase.

a) **Soixante** élèves partiront dans cet autobus.

_____

b) **Éliane** a oublié son maillot de bain.

_____

c) **Les félins** sont les plus beaux animaux du zoo.

_____

13 Quel type de phrase suis-je ?

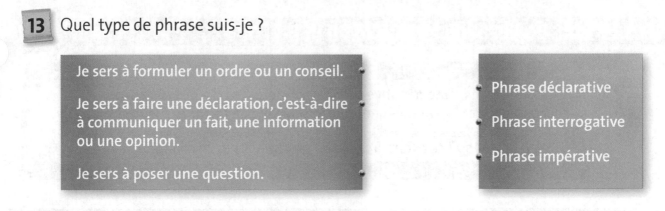

Je sers à formuler un ordre ou un conseil.

Je sers à faire une déclaration, c'est-à-dire à communiquer un fait, une information ou une opinion.

Je sers à poser une question.

• Phrase déclarative

• Phrase interrogative

• Phrase impérative

14 Dans chaque cas, indique à droite le type de phrase et surligne les indices qui t'ont permis de le reconnaître.

Type de phrase

a) Cette histoire est belle.   _____

b) Fais-tu ton lit le matin ?   _____

c) Participons à la pièce de théâtre.   _____

d) Joues-tu au ballon ?   _____

e) Vous êtes des enfants serviables.   _____

f) Faites de votre mieux !   _____

g) Je vous souhaite une très belle journée.   _____

h) Les élèves partiront à neuf heures.   _____

i) Comprenez-vous bien les consignes de sécurité ?   _____

J) Ne vous trompez pas de porte !   _____

k) Pourquoi es-tu en retard ?   _____

l) Prête ta bicyclette à Claudia.   _____

15 Transforme ces différents types de phrases en phrases déclaratives.

a) Soyez des enfants serviables.

_____

b) Joues-tu au ballon ?

_____

c) Faisons de notre mieux.

_____

Les formes de phrases : positive ou négative

La phrase de **forme négative** sert à nier, à refuser ou à interdire quelque chose. Elle veut généralement dire le contraire de la phrase de **forme positive**.

phrase positive   phrase négative

Ex. : *Kori connaît ce chanteur.* → *Kori **ne** connaît **pas** ce chanteur.*

Voici comment construire une phrase de forme négative.

On ajoute deux mots de négation à une phrase de forme positive :

ne... pas, n'... pas
ne... jamais, n'... jamais
ne... plus, n'... plus
ne... rien, n'... rien

Ex. : *Mehdi **ne** sait **pas** danser.*
*Tu **ne** veux **jamais** jouer avec moi.*
*Ces écouteurs **ne** fonctionnent **plus**.*
*Je **ne** sais **rien**.*

1 Dans chaque cas, indique par un crochet si la phrase est de forme positive ou négative. Dans les phrases de forme négative, souligne les mots de négation.

	Forme positive	Forme négative
a) Qu'elle n'est pas peureuse !		
b) Tu ne dois plus emprunter ce chemin.		
c) Quelle belle journée nous avons passée !		
d) Nous n'arriverons jamais à temps.		
e) Cette casquette appartient à mon père.		
f) Quand viendras-tu me rejoindre ?		
g) Ce groupe n'est plus populaire auprès des jeunes.		
h) Aimerais-tu goûter à ce fruit exotique ?		
i) Surtout, ne dis rien !		
j) Vladimir peut-il venir glisser avec moi ?		

2 Compose une phrase négative avec *ne... pas* et une autre avec *ne... plus*.

a) ne... pas : _____

b) ne... plus : _____

Les phrases de types déclaratif, impératif et interrogatif peuvent être transformées en phrases **négatives**.

Phrase déclarative	J'aime les carottes.	→ Je **n'**aime **pas** les carottes.
Phrase impérative	Pars tout de suite.	→ **Ne** pars **pas** tout de suite.
Phrase interrogative	Vas-tu à la fête de Léa ?	→ **Ne** vas-tu **pas** à la fête de Léa ?

3 Transforme les phrases négatives en phrases positives et les phrases positives en phrases négatives. Varie tes mots de négation.

a) Ouvrez vos cahiers maintenant.

_____

b) Ariane et Christophe n'ont pas fini de souper.

_____

c) Isabelle boit toujours de l'eau en mangeant.

_____

d) Tu n'es vraiment pas discret.

_____

e) Il reste encore de bons chocolats.

_____

f) Vous ne retournerez pas dans cette maison abandonnée.

_____

g) Est-ce que tu devrais faire tes devoirs tout de suite ?

_____

h) Je n'ouvrirai pas ce colis tout de suite.

_____

i) Savaient-ils comment trouver la réponse ?

_____

j) Maxence et moi, nous ne faisons jamais équipe ensemble.

_____

8 Des accords à réussir

L'accord du verbe avec un pronom sujet

Quand le sujet est un **pronom**, le verbe conjugué s'accorde avec ce pronom donneur d'accord :
- à la 1re, à la 2e ou à la 3e personne ;
- au singulier ou au pluriel.

Ex. : *Nous étudions le Moyen Âge.*

Voici comment tu dois faire l'accord du verbe quand le sujet est un pronom.

1. Tu repères le verbe conjugué en l'encadrant par *ne... pas* ou *n'... pas*, et tu le soulignes. Ce verbe est un receveur d'accord.

   Tu peux aussi conjuguer le verbe à un autre temps (présent, imparfait, futur).

   Nous n' étudions pas le Moyen Âge.

   Nous étudierons le Moyen Âge.

2. Tu repères le pronom sujet, tu le mets entre crochets et tu écris la personne et le nombre sous ce pronom. C'est le donneur d'accord.
   - Les pronoms *je, tu, il, on* et *ils* sont toujours sujets.
   - Les pronoms *elle, nous, vous* et *elles* sont sujets si tu peux les encadrer par *C'est... qui* ou *Ce sont... qui.*

   C'est [Nous] qui étudions le Moyen Âge.

   Note : Dans la phrase interrogative, le pronom sujet peut se trouver après le verbe.

   Étudions-[nous] le Moyen Âge ?

3. Tu traces une flèche qui va du pronom donneur au verbe receveur d'accord.

   [Nous] étudions le Moyen Âge.

4. Tu vérifies si le verbe est bien accordé, c'est-à-dire s'il a la même personne et le même nombre que le pronom donneur.

   [Nous] étudions le Moyen Âge.

1 Dans chaque phrase :
- mets le pronom sujet entre crochets ;
- écris la personne et le nombre sous le pronom donneur ;
- trace une flèche du pronom donneur au verbe bien accordé entre parenthèses.

Ex. : [Tu] (regarde, regardes) ces livres sur le Moyen Âge.
    2ᵉ pers. s.

a) À cette époque, on (bâtissait, bâtissaient) d'immenses cathédrales.

b) Dimanche, tu lui (montreras, montrera) un vitrail ancien.

c) Je vous (prêterai, prêterez) mon disque de musique médiévale.

d) Aujourd'hui, (enseigneraient, enseignerait) - ils encore à tirer à l'arbalète ?

e) En Angleterre, nous (irons, iront) voir le château de Douvres.

2 Dans chaque phrase :
- mets le pronom sujet entre crochets ;
- écris la personne et le nombre sous le pronom donneur ;
- conjugue le verbe au temps demandé et accorde-le avec le pronom sujet.

Ex. : L'an dernier, [vous] _____ *visitiez* _____ l'exposition sur le Moyen Âge.
        2ᵉ pers. pl.   (*visiter*, imparfait)

a) Je vous _____ un air médiéval au luth.
                (*jouer*, futur simple)

b) _____ - tu un dragon pour moi, s'il te plaît ?
  (*dessiner*, conditionnel présent)

c) Qu' ils _____beaux, ces manuscrits enluminés !
         (*être*, indicatif présent)

d) Avant l'invention de l'imprimerie, on _____
                      (*recopier*, imparfait)
tout à la main.

L'accord du verbe avec un GN sujet

Le nom est toujours de la 3e personne.
Le verbe conjugué s'accorde donc avec le **nom noyau** du GN sujet :
- toujours à la 3e personne ;
- au singulier ou au pluriel.

Ex. : Les **chandeliers** éclairent la pièce.

Voici comment tu dois faire l'accord du verbe quand le sujet est un GN.

1. Tu repères le verbe conjugué en l'encadrant par *ne... pas* ou *n'... pas*, et tu le soulignes. Ce verbe est un receveur d'accord.

   Les chandeliers n'éclairent pas la pièce.

   Pour repérer le verbe conjugué, tu peux aussi le conjuguer à un autre temps (présent, imparfait, futur).

   Les chandeliers éclairaient la pièce.

2. Tu repères le GN sujet en l'encadrant par *C'est... qui* ou *Ce sont... qui* et tu le mets entre crochets.

   Ce sont [Les chandeliers] qui éclairent la pièce.

   Pour repérer le GN sujet, tu peux aussi le remplacer par le pronom *il, ils, elle* ou *elles*.

   Ils éclairent la pièce.

3. Tu repères le nom noyau du GN sujet et tu écris la personne (3e) et le nombre sous ce nom. C'est le donneur d'accord.

   [Les chandeliers] éclairent la pièce.
   3e pers. pl.

4. Tu traces une flèche qui va du nom donneur au verbe receveur d'accord.

   [Les chandeliers] éclairent la pièce.
   3e pers. pl.

5. Tu vérifies si le verbe est bien accordé, c'est-à-dire s'il a la même personne (3e) et le même nombre que le nom donneur.

   [Les chandeliers] éclairent la pièce.
   3e pers. pl.   3e pers. pl.

1 Dans chaque phrase, mets le GN sujet entre crochets, observe le verbe conjugué en gras et écris à quelle personne et à quel nombre il est accordé.

a) Des nobles **arrivent** au château. _____

b) Le châtelain **donne** un banquet. _____

c) La châtelaine **est** ravissante. _____

d) Huit chevaliers **vont** repartir. _____

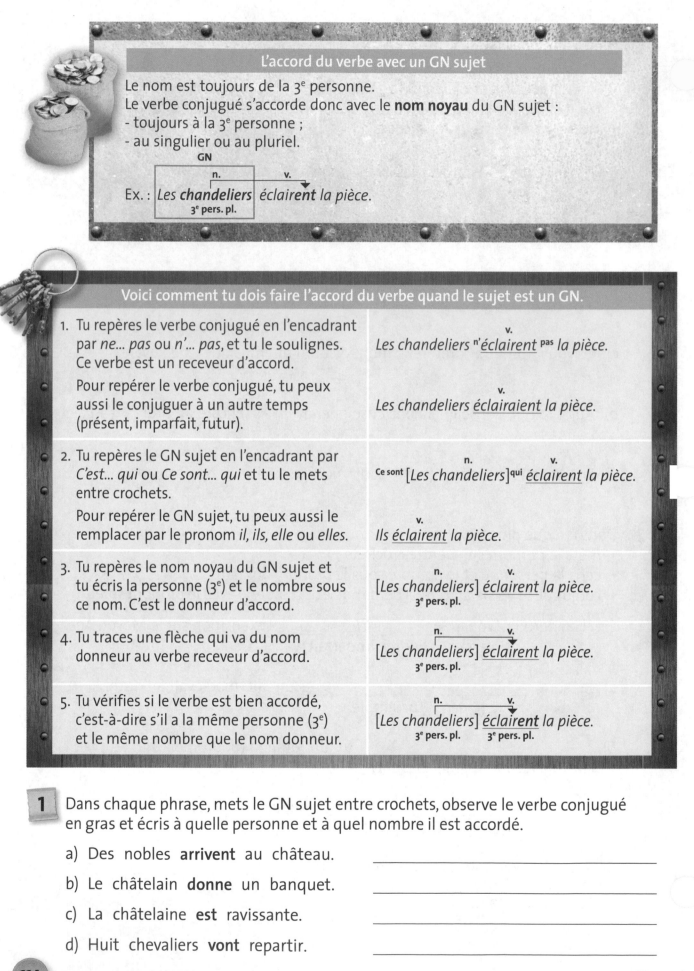

2 Dans chaque phrase :
- mets le GN sujet entre crochets ;
- écris la personne et le nombre sous le nom noyau du GN sujet ;
- trace une flèche du nom donneur au verbe bien accordé entre parenthèses.

Ex. : [La muraille entourant le château] (est, es) immense.

     3ᵉ pers. s.

a) Des escaliers en colimaçon (montes, montent) tout en haut des tours.

b) Autrefois, un pont-levis (s'abaissait, s'abaissaient) au-dessus du fossé.

c) Tout le monde (acclamera, acclameront) le châtelain et la châtelaine.

d) Les cours intérieures du château (va servir, vont servir) aux tournois.

3 Dans chaque phrase :
- mets le GN sujet entre crochets ;
- remplace le GN sujet par le pronom *il, elle, ils* ou *elles* et écris-le au-dessus ;
- conjugue le verbe au temps demandé et accorde-le avec le GN sujet.

     Il

Ex. : [Cet arc] _____*est*_____ taillé dans une branche d'if.
           (*être*, indicatif présent)

a) Des paysannes _____ la terre.
           (*cultiver*, futur proche)

b) Ariel _____ s'initier à l'escrime.
     (*aimer*, conditionnel présent)

c) Un acrobate et un ménestrel _____ les seigneurs.
           (*divertir*, imparfait)

d) En échange d'une chanson, le ménestrel _____
              (*manger*, indicatif présent)

un bon repas.

e) Les chevaliers _____ des armures étincelantes.
     (*avoir*, futur simple)

L'accord de l'adjectif qui suit le verbe *être*

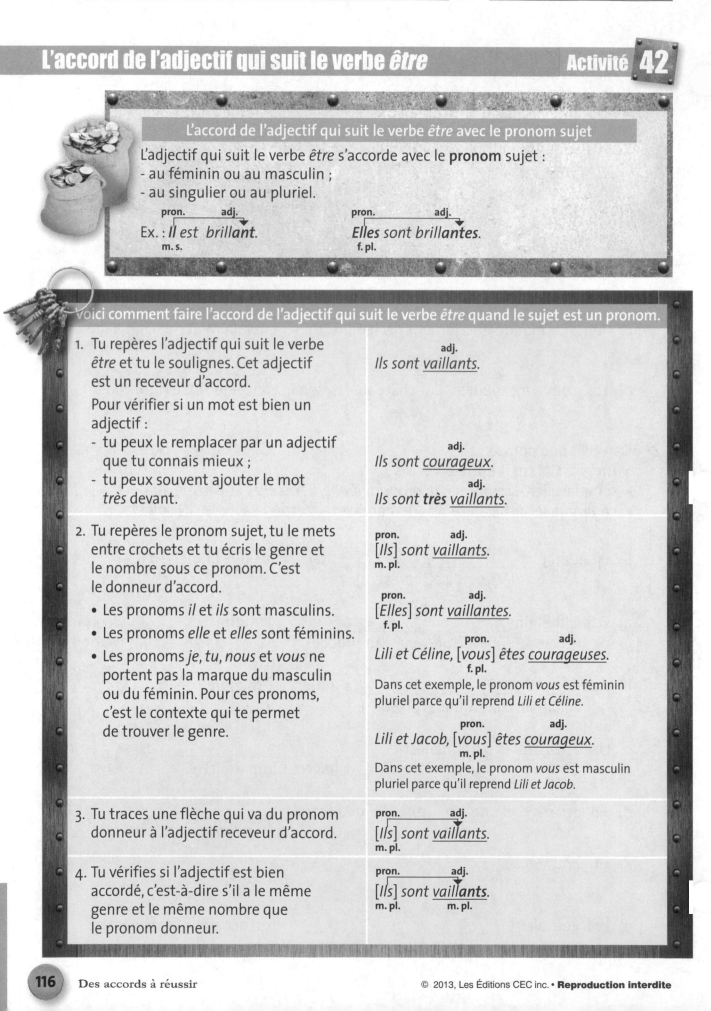

L'accord de l'adjectif qui suit le verbe *être* avec le pronom sujet

L'adjectif qui suit le verbe *être* s'accorde avec le **pronom** sujet :
- au féminin ou au masculin ;
- au singulier ou au pluriel.

Ex. :
pron.   adj.
Il est brillant.
m. s.

pron.   adj.
Elles sont brillantes.
f. pl.

Voici comment faire l'accord de l'adjectif qui suit le verbe *être* quand le sujet est un pronom.

1. Tu repères l'adjectif qui suit le verbe *être* et tu le soulignes. Cet adjectif est un receveur d'accord.

    adj.
    Ils sont vaillants.

    Pour vérifier si un mot est bien un adjectif :
    - tu peux le remplacer par un adjectif que tu connais mieux ;

    adj.
    Ils sont courageux.

    - tu peux souvent ajouter le mot *très* devant.

    adj.
    Ils sont très vaillants.

2. Tu repères le pronom sujet, tu le mets entre crochets et tu écris le genre et le nombre sous ce pronom. C'est le donneur d'accord.

    pron.   adj.
    [Ils] sont vaillants.
    m. pl.

    - Les pronoms *il* et *ils* sont masculins.

    pron.   adj.
    [Elles] sont vaillantes.
    f. pl.

    - Les pronoms *elle* et *elles* sont féminins.

    pron.   adj.
    Lili et Céline, [vous] êtes courageuses.
    f. pl.

    - Les pronoms *je*, *tu*, *nous* et *vous* ne portent pas la marque du masculin ou du féminin. Pour ces pronoms, c'est le contexte qui te permet de trouver le genre.

    Dans cet exemple, le pronom *vous* est féminin pluriel parce qu'il reprend *Lili et Céline*.

    pron.   adj.
    Lili et Jacob, [vous] êtes courageux.
    m. pl.

    Dans cet exemple, le pronom *vous* est masculin pluriel parce qu'il reprend *Lili et Jacob*.

3. Tu traces une flèche qui va du pronom donneur à l'adjectif receveur d'accord.

    pron.   adj.
    [Ils] sont vaillants.
    m. pl.

4. Tu vérifies si l'adjectif est bien accordé, c'est-à-dire s'il a le même genre et le même nombre que le pronom donneur.

    pron.   adj.
    [Ils] sont vaillants.
    m. pl.   m. pl.

1 Dans chaque phrase, mets le pronom sujet entre crochets, observe l'adjectif en gras qui suit le verbe *être* et écris à quel genre et à quel nombre il est accordé.

a) Je serais **contente** que tu viennes me voir.   _____

b) Tu seras **étonné** de constater tes progrès.   _____

c) Cette composition, elle était **originale**.   _____

d) Dans ces cas-là, nous sommes très **débrouillards**.   _____

e) Vous allez être **fières** de vous.   _____

f) Ils sont **sportifs** depuis leur plus jeune âge.   _____

2 Dans chaque phrase :
- mets le pronom sujet entre crochets ;
- écris le genre et le nombre sous le pronom donneur ;
- trace une flèche du pronom donneur à l'adjectif bien accordé entre parenthèses.

Ex. : [Ils] n'étaient pas (dévoué, dévouée, dévoués, dévouées) à la cause.
     m. pl.

a) Depuis hier, elle est (enjoué, enjouée, enjoués, enjouées).

b) Ils seront (loyal, loyale, loyaux, loyales) envers toi.

c) Avant, il était plus (sérieux, sérieuse, sérieuses).

d) Elles seraient (fou, folle, fous, folles) de refuser cette offre.

3 Dans chaque phrase :
- mets le pronom sujet entre crochets ;
- souligne, dans le contexte, ce que le pronom reprend ;
- accorde l'adjectif entre parenthèses avec le pronom sujet.

Ex. : <u>Marianne et Précilia</u>, [vous] êtes (moqueur) _____**moqueuses**_____.

a) Nous, les élèves de la classe, sommes (ravi)_____
de vous recevoir.

b) Mon grand garçon, tu es (inquiet) _____ aujourd'hui.

c) Moi, Tamara, je suis (sûr) _____ de l'avoir vu !

d) Brandon et Félicia, vous êtes bien (coquin) _____
aujourd'hui.

L'accord de l'adjectif qui suit le verbe *être* avec le GN sujet

L'adjectif qui suit le verbe *être* s'accorde avec le **nom noyau** du GN sujet :
- au féminin ou au masculin ;
- au singulier ou au pluriel.

GN

n.   adj.

Ex. : La **mer** est déchaînée.
f. s.

GN

n.   adj.

Les **courants** sont puissants.
m. pl.

Voici comment faire l'accord de l'adjectif qui suit le verbe *être* quand le sujet est un GN.

1. Tu repères l'adjectif qui suit le verbe *être* et tu le soulignes. Cet adjectif est un receveur d'accord.

   adj.
   Ces personnes sont <u>avenantes</u>.

   Pour vérifier si un mot est bien un adjectif :
   - tu peux le remplacer par un adjectif que tu connais mieux ;

   adj.
   Ces personnes sont <u>aimables</u>.

   - tu peux souvent ajouter le mot *très* devant.

   adj.
   *Ces personnes sont **très** <u>avenantes</u>.*

2. Tu repères le GN sujet en l'encadrant par *C'est... qui* ou *Ce sont... qui* et tu le mets entre crochets.

   adj.
   ^{Ce sont} *[Ces personnes]*^{qui} *sont <u>avenantes</u>.*

   Pour repérer le GN sujet, tu peux aussi le remplacer par le pronom *il, elle, ils* ou *elles*.

   adj.
   Elles sont <u>avenantes</u>.

3. Tu repères le nom noyau du GN sujet et tu écris le genre et le nombre sous ce nom. C'est le donneur d'accord.

   n.   adj.
   [Ces personnes] sont <u>avenantes</u>.
   f. pl.

4. Tu traces une flèche qui va du nom donneur à l'adjectif receveur d'accord.

   n.   adj.
   [Ces personnes] sont <u>avenantes</u>.
   f. pl.

5. Tu vérifies si l'adjectif est bien accordé, c'est-à-dire s'il a le même genre et le même nombre que le nom donneur.

   n.   adj.
   [Ces personnes] sont <u>avenantes</u>.
   f. pl.   f. pl.

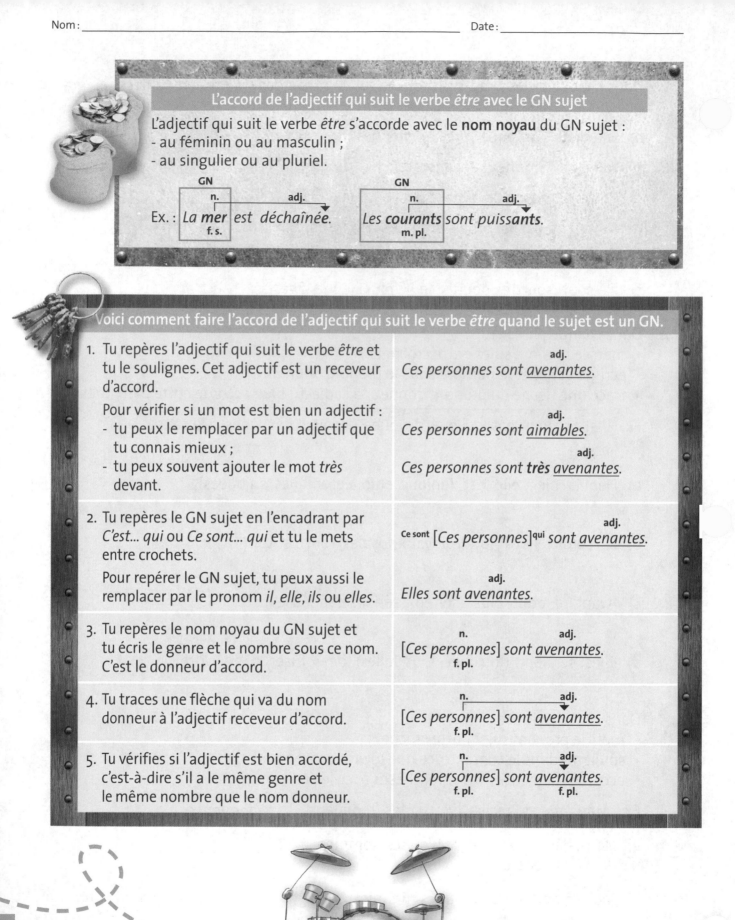

1 Dans chaque phrase, mets le GN sujet entre crochets, observe l'adjectif en gras qui suit le verbe *être* et écris à quel genre et à quel nombre il est accordé.

a) Apparemment, les bateaux étaient **échoués**. _____

b) Cette bicyclette était **étincelante**. _____

c) Selon le chef de gare, ce train serait **complet**. _____

d) Bientôt les voitures seront moins **polluantes**. _____

2 Dans chaque phrase :
- mets le GN sujet entre crochets ;
- écris le genre et le nombre sous le nom donneur du GN sujet ;
- trace une flèche du nom donneur à l'adjectif bien accordé entre parenthèses.

Ex. : Ce bébé ? [Ses cheveux] étaient tout (noir, noire, noirs, noires).
     m. pl.

a) La figure de mon grand-père est (ridé, ridée, ridés, ridées).

b) Le sourire de cette actrice est (enjôleur, enjôleuse, enjôleurs, enjôleuses).

c) Les pieds de cette patineuse sont complètement (gelé, gelée, gelés, gelées).

d) Les épaules de cet haltérophile sont (carré, carrée, carrés, carrées).

3 Dans chaque phrase :
- mets le GN sujet entre crochets ;
- remplace le GN sujet par le pronom *il, elle, ils* ou *elles* et écris-le au-dessus ;
- accorde l'adjectif entre parenthèses avec le GN sujet.

a) Mon costume de sorcière sera bientôt (prêt) _____.

b) La princesse et la reine étaient (courageux) _____.

c) Le chevalier et le roi seront (puissant) _____.

d) La maquette du château médiéval est (réussi) _____.

Les signes de ponctuation

Les points qui terminent une phrase

- Le point sert à terminer une phrase.
- La **phrase déclarative** se termine généralement par un point.
  Ex. : *Les corsaires sont des aventuriers.*
- La **phrase impérative** peut se terminer par un point.
  Ex. : *Regarde à bâbord.*

.

- Le point d'interrogation sert à poser une question.
- La **phrase interrogative** doit se terminer par un point d'interrogation.
  Ex. : *As-tu vu quelque chose à tribord ?*

?

- Le point d'exclamation sert à exprimer quelque chose avec émotion ou à s'exclamer.
- La **phrase impérative** peut se terminer par un point d'exclamation.
  Ex. : *Descends vite les voiles !*

!

N'oublie pas ! Après un point qui termine une phrase, il faut utiliser une majuscule au début de la phrase suivante.
Ex. : *Il vente trop fort. Il va y avoir de l'orage.*

1 Mets un point (.) (?) (!) qui convient à la fin de chaque phrase.

a) Voit-on l'emplacement du trésor sur la carte_____

b) Aujourd'hui, la mer est déchaînée_____

c) Est-ce que l'orage va durer toute la nuit_____

d) Essaie de voir la terre avec ta lunette d'approche_____

e) Atteindrons-nous le rivage avant le lever du jour_____

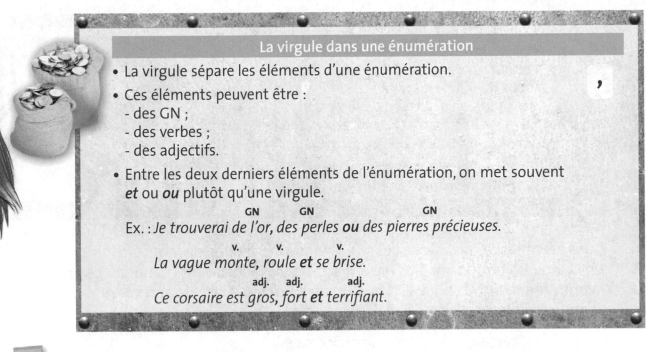

La virgule dans une énumération

- La virgule sépare les éléments d'une énumération.

- Ces éléments peuvent être :
  - des GN ;
  - des verbes ;
  - des adjectifs.

- Entre les deux derniers éléments de l'énumération, on met souvent ***et*** ou ***ou*** plutôt qu'une virgule.

            GN   GN   GN

  Ex. : *Je trouverai de l'or, des perles **ou** des pierres précieuses.*

        v.   v.   v.

  *La vague monte, roule **et** se brise.*

        adj.   adj.   adj.

  *Ce corsaire est gros, fort **et** terrifiant.*

2 Sépare les éléments dans les énumérations des phrases suivantes. Utilise la virgule (,) ainsi que le mot *et* ou le mot *ou*.

a) Barbe-Rouge Bouffe-Doublon Kucek Jehan Pistolet Mary la Noire sont des pirates de bandes dessinées.

b) Les drapeaux des pirates étaient-ils blancs noirs rouges ?

c) Tu inventes écris dessines une histoire de corsaires.

d) On pense avoir retrouvé des canons une ancre une cloche du navire de Barbenoire.

e) La forêt où ils ont caché le trésor était dense sauvage inquiétante.

3 Dans les phrases suivantes, mets les virgules (,) nécessaires et les points (.) (?) (!) qui conviennent.

a) J'aime les histoires de pirates de corsaires ou de flibustiers

b) Est-ce que Laura Arthur Marie-Lou et Nicolas ont vraiment organisé cette course au trésor

c) Vous aurez beaucoup de frissons de peurs et de frayeurs

d) Ce jeune mousse a déjà ramé navigué et combattu

e) Aurons-nous des chapeaux des bottes et des boucliers pour nous déguiser

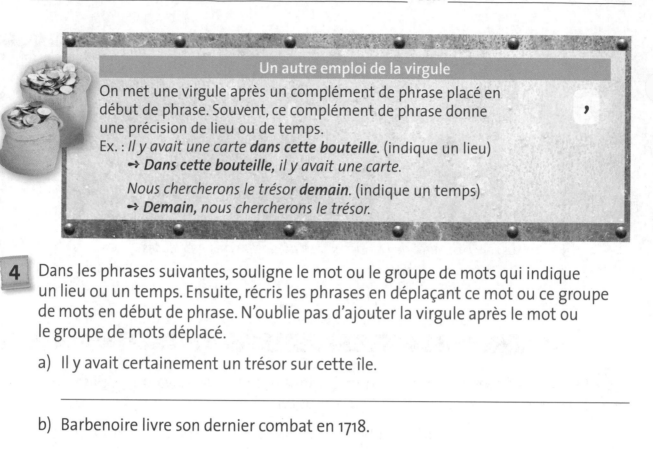

Un autre emploi de la virgule

On met une virgule après un complément de phrase placé en début de phrase. Souvent, ce complément de phrase donne une précision de lieu ou de temps.

Ex. : *Il y avait une carte **dans cette bouteille**.* (indique un lieu)
→ ***Dans cette bouteille**, il y avait une carte.*

*Nous chercherons le trésor **demain**.* (indique un temps)
→ ***Demain**, nous chercherons le trésor.*

4 Dans les phrases suivantes, souligne le mot ou le groupe de mots qui indique un lieu ou un temps. Ensuite, récris les phrases en déplaçant ce mot ou ce groupe de mots en début de phrase. N'oublie pas d'ajouter la virgule après le mot ou le groupe de mots déplacé.

a) Il y avait certainement un trésor sur cette île.

_____

b) Barbenoire livre son dernier combat en 1718.

_____

c) J'ai loué un excellent film de pirates hier soir.

_____

d) Ils ont retrouvé plusieurs épaves dans l'océan Atlantique.

_____

e) Nous regardons un épisode de cette aventure chaque semaine.

_____

f) On entendait des bruits inquiétants dans la forêt.

_____

g) Les pirates sillonnaient les mers à cette époque.

_____

h) Les bourrasques étaient violentes au large.

_____

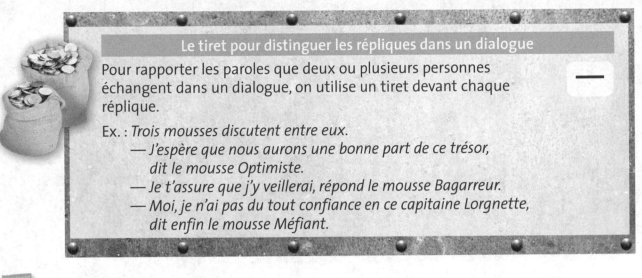

Le tiret pour distinguer les répliques dans un dialogue

Pour rapporter les paroles que deux ou plusieurs personnes échangent dans un dialogue, on utilise un tiret devant chaque réplique.

Ex. : *Trois mousses discutent entre eux.*
    — *J'espère que nous aurons une bonne part de ce trésor,*
    dit le mousse Optimiste.
    — *Je t'assure que j'y veillerai, répond le mousse Bagarreur.*
    — *Moi, je n'ai pas du tout confiance en ce capitaine Lorgnette,*
    dit enfin le mousse Méfiant.

5 Continue le dialogue entre les trois mousses, Optimiste, Bagarreur et Méfiant, amorcé dans l'encadré ci-dessus. Écris une réplique pour chacun d'eux et utilise la ponctuation nécessaire.

_____

_____

_____

6 Ajoute les signes de ponctuation et les majuscules qui manquent dans le texte suivant.

Jérémie son père et sa mère discutent pendant le repas

j'aimerais bien revoir ce film de pirates mes amis Solveil Kabin

Étienne et Camélia ne l'ont jamais vu est-ce qu'ils pourraient

venir le voir avec moi la prochaine fois demande Jérémie

bien sûr, répond son père veux-tu inviter tes amis pour samedi

prochain

invite-les plutôt pour dimanche, dit sa mère samedi, nous allons

déjà visiter tes cousins

10 Des textes à organiser

Les textes littéraires		
Les textes littéraires sont des textes dans lesquels on raconte des histoires ou des textes dans lesquels on joue avec les mots.		
Pour raconter des histoires	• Le roman	- Ce récit est assez long. - Il se passe dans un **univers réel** ou **imaginaire**. - Il se passe dans un **temps passé, présent** ou **futur**.
	• La pièce de théâtre	- Ce récit est écrit pour être joué sur scène. - Le texte est sous forme de **dialogues**.
	• La bande dessinée	- Ce récit est raconté à l'aide d'une **suite de dessins**.
	• Le conte	- Ce court récit est imaginaire et contient des **éléments magiques** ou **merveilleux**. - Il se passe souvent dans un **temps passé**.
	• La fable	- Ce court récit est imaginaire et contient une **morale**. - Les personnages sont souvent des **animaux**.
Pour jouer avec les mots	• Le poème	- Ce texte permet de créer des images, d'exprimer des sentiments ou des idées. - Il contient souvent des **vers**, des **strophes** et des **rimes**.
	• La chanson	- Ce texte est un poème chanté. - Il contient souvent un **refrain** et des **couplets**.
	• La comptine	- Ce texte est un poème chanté ou récité.

Les textes courants

Les textes courants servent à donner une explication, une description, une marche à suivre ou une opinion sur un sujet.

Pour expliquer	• Le manuel scolaire • L'article de revue scientifique • L'article d'encyclopédie	Ces textes servent à **donner des explications** sur un fait ou un phénomène afin de le faire comprendre.
Pour décrire	• L'ouvrage documentaire • Le compte rendu	Ces textes servent à **donner des descriptions** de personnes, d'animaux, d'objets, d'événements, etc.
Pour dire comment faire	• Les règles d'un jeu • Les consignes • La recette	Ces textes servent à **donner des instructions.** Ils disent comment faire quelque chose.
Pour convaincre	• Le message publicitaire • L'invitation	Ces textes servent à **exprimer une opinion** sur un sujet et à **convaincre les lecteurs**

1 Quel genre de texte suis-je?

a) Je suis un court récit imaginaire qui contient une morale.

_____

b) Je suis un texte qui décrit un personnage célèbre.

_____

c) Je suis un texte qui permet de créer des images, d'exprimer des sentiments ou des idées.

_____

d) Je raconte mes histoires à l'aide d'une suite de dessins.

_____

e) Je présente une nouvelle marque de dentifrice.

_____

f) Je suis un récit écrit pour être joué sur scène.

_____

g) Je dis comment jouer à un jeu.

_____

La construction et la planification d'un texte Activité 45

Un texte peut avoir un ou plusieurs paragraphes. La division en paragraphes permet de bien saisir les différentes parties d'un texte.

Le **paragraphe** contient un certain nombre de phrases qui développent une même idée. Par exemple, dans la description d'un koala, chaque paragraphe peut décrire un aspect de l'animal : a) son aspect physique ; b) le lieu où il vit ; c) ce qu'il mange ; d) sa façon de se reproduire.

Chaque paragraphe peut aussi correspondre à un moment précis de la vie du koala. Par exemple : a) le koala à la naissance ; b) le koala bébé ; c) le koala adulte.

Ces paragraphes constituent le **développement** du texte. Généralement, on ajoute une **introduction**, au début, et une **conclusion**, à la fin.

1 Le développement du texte suivant contient trois paragraphes. Sépare ces trois paragraphes à l'aide de barres obliques (/).

La gomme à mâcher

Introduction

Savais-tu que, à l'origine, la gomme à mâcher était fabriquée à partir d'une substance extraite d'un arbre ? Eh oui ! La gomme à mâcher provenait du sapotillier.

Développement

Le sapotillier est un arbre de grande taille qui pousse, entre autres, en Amérique centrale. Ses feuilles sont allongées et légèrement dentelées. Son fruit, la sapotille, est comestible. Mais ce qui nous intéresse surtout, c'est le chiclé qu'on recueillait du sapotillier. Le chiclé n'est pas la sève de l'arbre. C'est un latex blanc liquide qui lui sert de défense. Par exemple, lorsque l'arbre est blessé, le chiclé suinte et sèche pour cicatriser la blessure. Pour fabriquer la gomme à mâcher, on entaillait l'arbre et on récoltait dans de petits seaux le chiclé encore liquide. Ensuite, on le mélangeait avec de la résine, du sirop et des arômes pour obtenir différentes saveurs.

Conclusion

N'est-il pas fascinant de penser que la gomme à mâcher était jadis fabriquée à partir d'une substance provenant d'un arbre ? Et savais-tu qu'avec ce même latex du sapotillier, les Mayas fabriquaient des balles de jeu ?

2 Sers-toi du texte de l'exercice 1 pour compléter les énoncés suivants.

   a) Le 1er paragraphe du développement décrit _____ .

   b) Le 2e paragraphe du développement décrit _____ .

   c) Le 3e paragraphe du développement décrit _____ .

> Le **titre** du texte annonce le sujet traité.
> Les **intertitres** découpent souvent les différentes parties du développement.

3 Écris un intertitre qui conviendrait pour chaque paragraphe du développement du texte de l'exercice 1.

   a) 1er paragraphe : _____

   b) 2e paragraphe : _____

   c) 3e paragraphe : _____

> L'**introduction** d'un texte sert :
> - à présenter le sujet du texte ;
> - à donner un aperçu de ce que le développement contiendra ;
> - à établir un contact avec le lecteur à qui on s'adresse.
>
> La **conclusion** d'un texte sert :
> - à résumer le développement ;
> - à présenter une nouvelle idée en lien avec le sujet.

4 Sers-toi du texte de l'exercice 1 pour répondre aux questions suivantes.

   a) Comment l'auteur du texte établit-il un contact avec le lecteur à qui il s'adresse ?

   _____

   b) Qu'apprend-on dans l'introduction ?

   _____

   _____

   c) Que dit-on dans la conclusion ?

   _____

   _____

   _____

5 Remets dans l'ordre chronologique les paragraphes du texte qui suit.
• Lis les paragraphes ci-dessous et souligne les indices de temps qu'on y trouve.
• Relis ensuite ces paragraphes et place-les en ordre à l'aide des lettres.

A Sur le chemin du retour, nous sommes repassés par le Nouveau-Brunswick. Cette fois, nous avons visité la baie de Fundy où, à marée basse, les rochers ressemblent à d'immenses pots de fleurs. Puis, nous nous sommes baignés dans une piscine à l'eau de mer !

B Ces vacances ont été géniales ! Je vous souhaite vraiment d'avoir la chance de voyager dans les Maritimes. Comme vous avez pu le constater, il y a plein de choses à découvrir et, ma foi, il y en a pour tous les goûts !

C Notre première destination a été le Nouveau-Brunswick. Nous avons fait du camping à un endroit où il y avait des glissades d'eau. Nous nous sommes vraiment bien amusés. Nous en avons aussi profité pour visiter le Village Historique Acadien.

D Laissez-moi vous raconter mes merveilleuses vacances de l'été dernier. Nous avons voyagé, ma famille et moi, dans les Maritimes pendant deux semaines.

E Ensuite, nous sommes allés en Nouvelle-Écosse. Là, nous avons fait un voyage en plein cœur du 18e siècle en visitant la forteresse de Louisbourg. Nous avons également visité le musée Alexander-Graham-Bell, construit en l'honneur de l'inventeur du téléphone.

Introduction	Paragraphe _____
Développement	Paragraphe _____
	Paragraphe _____
	Paragraphe _____
Conclusion	Paragraphe _____

Voici comment bien planifier la rédaction d'un texte.	
Procédure pour planifier la rédaction d'un texte	**Exemples**
1. Tu choisis un sujet.	*Les tremblements de terre.*
2. Tu précises le but de ton texte.	***Expliquer*** *les tremblements de terre.*
3. Tu choisis le genre de ton texte.	*Article pour le journal de l'école (texte courant).*
4. Tu choisis la ou les personnes à qui s'adressera ton texte.	*Les lecteurs du journal de l'école.*
5. Tu écris toutes les idées qui te viennent en tête.	*– La croûte terrestre (les plaques).* *– Les zones de tremblements de terre.* *– Les tsunamis (tremblements de terre sous l'eau).* *– L'échelle de Richter et les effets des secousses.* *– Ce qu'est un tremblement de terre.*

6 Avant de rédiger un texte, que ce soit un texte courant, un poème ou un récit, il est important de faire un plan. Voyons ce que tu ferais à partir de l'exemple ci-dessus. Besoin d'aide ? Va voir le plan du texte courant à l'activité 48.

| 6. Tu regroupes et tu organises tes idées selon le genre de texte que tu as choisi.

Dans cet exercice, il s'agit d'un **texte courant**. | **Texte courant**

Introduction :
- _____
- _____

Développement :
- _____
- _____

Conclusion :
- _____ |

Utilise cette procédure chaque fois que tu dois écrire un texte.

Les mots substituts

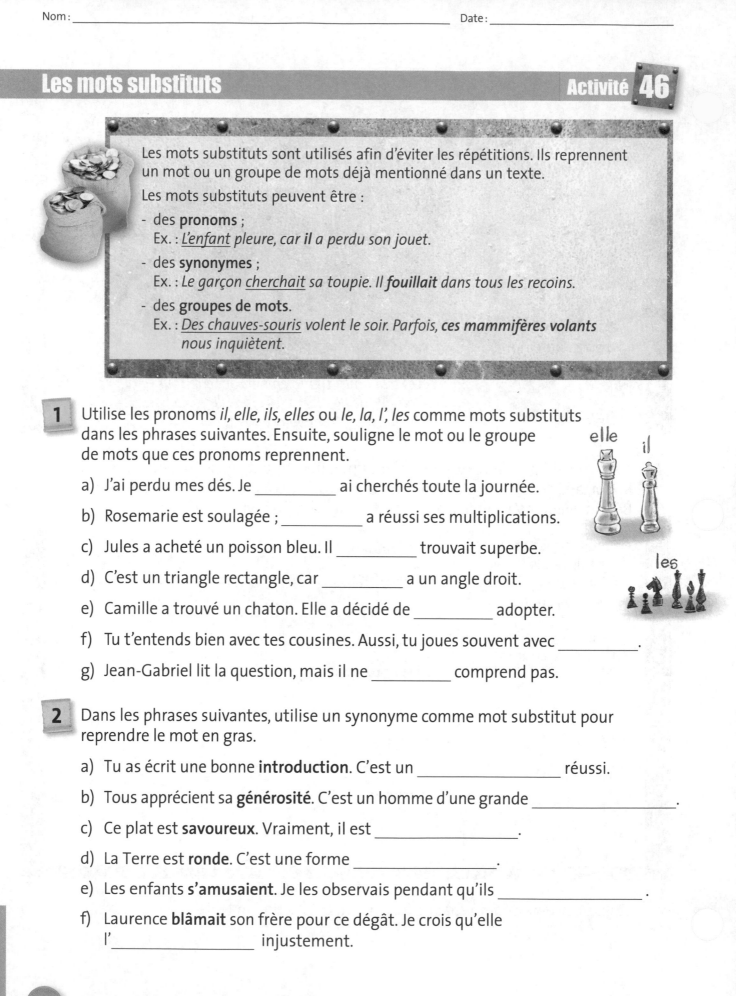

Les mots substituts sont utilisés afin d'éviter les répétitions. Ils reprennent un mot ou un groupe de mots déjà mentionné dans un texte.

Les mots substituts peuvent être :

- des **pronoms** ;
  Ex. : *L'enfant* pleure, car **il** a perdu son jouet.

- des **synonymes** ;
  Ex. : *Le garçon* cherchait sa toupie. Il **fouillait** dans tous les recoins.

- des **groupes de mots**.
  Ex. : *Des chauves-souris* volent le soir. Parfois, **ces mammifères volants** nous inquiètent.

1 Utilise les pronoms *il, elle, ils, elles* ou *le, la, l', les* comme mots substituts dans les phrases suivantes. Ensuite, souligne le mot ou le groupe de mots que ces pronoms reprennent.

a) J'ai perdu mes dés. Je _____ ai cherchés toute la journée.

b) Rosemarie est soulagée ; _____ a réussi ses multiplications.

c) Jules a acheté un poisson bleu. Il _____ trouvait superbe.

d) C'est un triangle rectangle, car _____ a un angle droit.

e) Camille a trouvé un chaton. Elle a décidé de _____ adopter.

f) Tu t'entends bien avec tes cousines. Aussi, tu joues souvent avec _____.

g) Jean-Gabriel lit la question, mais il ne _____ comprend pas.

2 Dans les phrases suivantes, utilise un synonyme comme mot substitut pour reprendre le mot en gras.

a) Tu as écrit une bonne **introduction**. C'est un _____ réussi.

b) Tous apprécient sa **générosité**. C'est un homme d'une grande _____.

c) Ce plat est **savoureux**. Vraiment, il est _____.

d) La Terre est **ronde**. C'est une forme _____.

e) Les enfants **s'amusaient**. Je les observais pendant qu'ils _____ .

f) Laurence **blâmait** son frère pour ce dégât. Je crois qu'elle l'_____ injustement.

3 Les mots en gras dans le texte suivant sont des mots substituts.
Écris ce qu'ils reprennent.

La moutarde lui monte au nez !

Mon père et moi sommes allés voir ma tante Christiane en France l'été dernier. **Celle-ci** est venue **nous** chercher à l'aéroport. Pour aller chez **elle**, en Normandie, il a fallu faire un peu plus d'une heure de voiture.

À un moment donné, de chaque côté de la route, il y avait de grands champs jaunes. Mon père a demandé à **sa sœur** ce qui était cultivé sur **ces terres**. « C'est un condiment que vous connaissez bien », dit-elle. « **Celui** que vous mettez sur vos hot-dogs et sur vos hamburgers. » Nous avons répondu en chœur : « De la moutarde ! »

Aux abords de la ville, on ne sait pas pourquoi, la circulation s'est mise à ralentir. Bientôt, nous étions presque arrêtés. Des automobilistes se sont même mis à klaxonner. **Ils** faisaient tout un vacarme. Christiane s'est mise à tambouriner sur son volant et à parler aux conducteurs comme s'**ils** pouvaient **l'**entendre ! Je crois bien que l'impatience **la** gagnait. En fait, la moutarde **lui** montait au nez !

Celle-ci : _____

nous : _____

elle : _____

sa sœur : _____

ces terres : _____

Celui : _____

Ils : _____

ils : _____

l' : _____

la : _____

lui : _____

Les marqueurs de relation

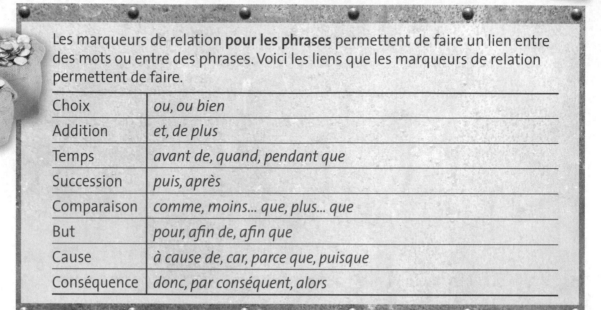

Les marqueurs de relation **pour les phrases** permettent de faire un lien entre des mots ou entre des phrases. Voici les liens que les marqueurs de relation permettent de faire.

Choix	ou, ou bien
Addition	et, de plus
Temps	avant de, quand, pendant que
Succession	puis, après
Comparaison	comme, moins… que, plus… que
But	pour, afin de, afin que
Cause	à cause de, car, parce que, puisque
Conséquence	donc, par conséquent, alors

1 À l'aide des marqueurs de l'encadré suivant, fais les liens dans les phrases ou entre les phrases. Ensuite, à l'aide du tableau ci-dessus, écris le lien que le marqueur permet de faire.

| • donc | • De plus | • à cause de | • ou bien | • puis |

a) Andres ne peut pas jouer dehors _____ sa bronchite.

_____

b) Nous jouons au soccer _____ nous allons nous baigner.

_____

c) Korinne récitera son poème, _____ ce sera le tour de Kenny.

_____

d) Ils ont terminé leurs cartes, ils pourront _____ les offrir à Noël.

_____

e) Alma aime beaucoup la musique. _____ , elle a du talent.

_____

2 Compose une phrase avec chacun des marqueurs de relation suivants.

a) pour (but) : _____

_____

b) car (cause) : _____

_____

Les marqueurs de relation **pour le texte** permettent de faire des liens pour bien comprendre l'ordre des idées dans le texte. On les place le plus souvent au début des paragraphes. On s'en sert :

- pour indiquer l'ordre des événements	*premièrement, deuxièmement, troisièmement ; pour commencer, après, pour terminer ; d'abord, ensuite, enfin*
- pour situer dans le temps	*hier, aujourd'hui, demain, le lendemain, autrefois, actuellement, à l'avenir, au cours de, pendant ce temps, tout à coup, soudain*
- pour situer dans l'espace	*à l'intérieur, à l'extérieur, dessous, dessus, à côté, en arrière, en avant, en haut, en bas, en face, au milieu, au loin, ici, là-bas, tout près*

3 À l'aide des tableaux des pages 132 et 133, place les marqueurs de relation dans le texte suivant. Ajoute une majuscule quand c'est nécessaire.

Ma marraine est venue passer la journée avec mon frère

_____ moi. Nous avons fait plein de choses ensemble.

_____, nous sommes allés visiter l'exposition scientifique,

_____ le temps était à la pluie.

_____, nous avons dîné dans un restaurant. Pour mon

repas, j'ai hésité entre des tortellinis au fromage _____

une pizza. Tout semblait appétissant. J'ai choisi les tortellinis,

_____ j'aime beaucoup les pâtes.

_____, nous sommes allés nous baigner à la piscine

extérieure du quartier _____ nous détendre un peu.

Le soleil était revenu !

Des textes à organiser   **133**

L'écriture d'un texte courant

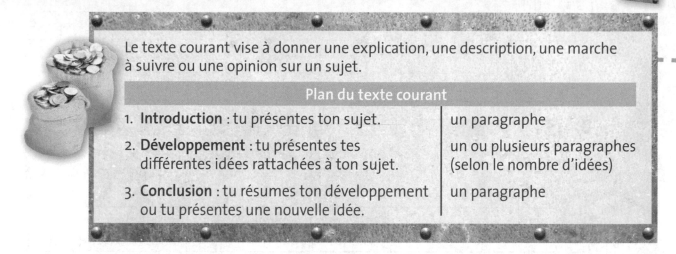

Le texte courant vise à donner une explication, une description, une marche à suivre ou une opinion sur un sujet.

Plan du texte courant	
1. **Introduction** : tu présentes ton sujet.	un paragraphe
2. **Développement** : tu présentes tes différentes idées rattachées à ton sujet.	un ou plusieurs paragraphes (selon le nombre d'idées)
3. **Conclusion** : tu résumes ton développement ou tu présentes une nouvelle idée.	un paragraphe

Dans cette activité, tu vas écrire un compte rendu d'événement. Tu vas donc donner la **description** d'un événement que tu as vu ou que tu as vécu. Pour t'aider, utilise le plan du texte courant ci-dessus.

1 Complète d'abord le tableau de planification suivant.

Pour planifier la rédaction d'un texte courant	
1. Tu choisis un sujet.	
2. Tu précises le but de ton texte.	
3. Tu choisis le genre de ton texte.	*Compte rendu d'événement*
4. Tu choisis à qui s'adressera ton texte.	
5. Tu écris toutes les idées qui te viennent en tête.	
6. Tu regroupes et tu organises tes idées selon le plan du texte courant.	

Nom : ______________________ Date : ______________________

À court d'idées ? Voici quelques suggestions.

• Un match sportif que tu as vu :	l'endroit où le match a eu lieu, les équipes qui s'affrontaient, les joueurs qui ont marqué les buts...
• Le camp neige où tu es allé :	l'endroit où vous êtes allés, les activités extérieures que vous avez faites, le temps qu'il faisait, les activités en soirée...
• La fête de Noël à l'école :	le repas communautaire, les invités-surprises, les jeux, les gâteries...

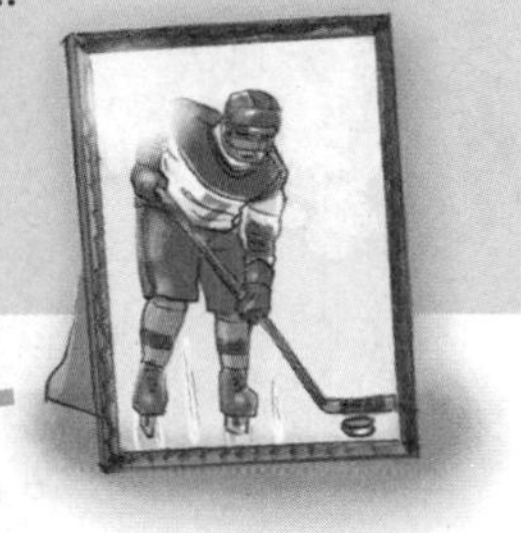

2 Dans l'espace ci-dessous, écris ton brouillon et corrige-le. Ensuite, tu pourras utiliser une feuille pour écrire ton compte rendu au propre.

Voici quelques questions que tu peux te poser pour améliorer ton compte rendu.

Est-ce que toutes mes idées sont rattachées au sujet ? Y en a-t-il assez ?
Est-ce que toutes mes idées sont intéressantes ?
Est-ce que mes idées sont regroupées en paragraphes ?
Est-ce qu'il y a une suite logique ?
Quel sera le titre de mon compte rendu ?

L'écriture d'un poème

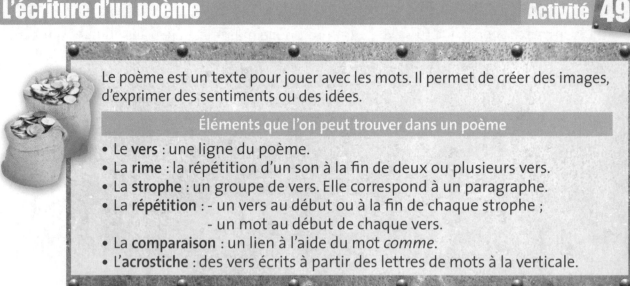

Le poème est un texte pour jouer avec les mots. Il permet de créer des images, d'exprimer des sentiments ou des idées.

Éléments que l'on peut trouver dans un poème

- Le **vers** : une ligne du poème.
- La **rime** : la répétition d'un son à la fin de deux ou plusieurs vers.
- La **strophe** : un groupe de vers. Elle correspond à un paragraphe.
- La **répétition** : - un vers au début ou à la fin de chaque strophe ;
  - un mot au début de chaque vers.
- La **comparaison** : un lien à l'aide du mot *comme*.
- L'**acrostiche** : des vers écrits à partir des lettres de mots à la verticale.

Dans cette activité, tu vas écrire ton propre poème. Pour t'aider, utilise quelques éléments qui te sont proposés dans le tableau ci-dessus.

1 Complète d'abord le tableau de planification suivant.

Pour planifier la rédaction d'un poème	
1. Tu choisis un sujet.	
2. Tu précises le but de ton texte.	
3. Tu choisis le genre de ton texte.	*Poème*
4. Tu choisis à qui s'adressera ton texte.	
5. Tu écris toutes les idées qui te viennent en tête.	
6. Tu regroupes et tu organises tes idées.	

MALIN MATHIEU

Cherche l'acrostiche !

Malicieux comme pas un,
Adroit comme un singe,
Libre comme l'air,
Intelligent, très intelligent !
Ne cherchant qu'à faire rire.

Malicieux comme pas un,
Aimable mais coquin,
Tendre quand il le veut et
Heureux quand il le peut,
Imaginatif, très imaginatif !
Ennuyeux ? Non, pas Mathieu.
Ultra−sympathique comme ami !

2 À toi de jouer! Laisse aller ton imagination, ta créativité. Tu peux écrire sur les Martiens, les jeux vidéo, les alligators, Noël, le Soleil, etc.

Dans l'espace ci-dessous, écris ton brouillon et corrige-le. Ensuite, tu pourras utiliser une feuille pour écrire ton poème au propre.

_____
_____
_____
_____
_____
_____
_____
_____
_____
_____
_____

Voici quelques questions que tu peux te poser pour améliorer ton poème.

Est-ce que toutes mes idées sont rattachées au sujet ? Y en a-t-il assez ?
Est-ce que toutes mes idées sont intéressantes ?
Est-ce que je souhaite regrouper mes idées en strophes ?
Quel sera le titre de mon poème ?

L'écriture d'un récit

Le récit est un texte pour raconter une histoire.

Schéma du récit en cinq temps	
1. **Situation initiale**	un paragraphe
2. **Élément déclencheur**	un paragraphe
3. **Péripéties**	un ou plusieurs paragraphes (selon le nombre d'actions)
4. **Dénouement**	un paragraphe
5. **Situation finale**	un paragraphe

Reporte-toi à la page 139 pour voir les questions auxquelles tu devrais répondre pour chaque temps du récit.

Dans cette activité, tu vas écrire un récit. Tu vas donc **raconter** une petite histoire. Pour t'aider, utilise le schéma du récit en cinq temps.

1 Complète d'abord le tableau de planification ci-dessous.

Pour planifier la rédaction d'un récit	
1. Tu choisis un sujet.	
2. Tu précises le but de ton texte.	
3. Tu choisis le genre de ton texte.	*Récit en cinq temps*
4. Tu choisis à qui s'adressera ton texte.	
5. Tu écris toutes les idées qui te viennent en tête.	

6. Tu regroupes et tu organises tes idées selon le schéma du récit en cinq temps ci-dessous.

Situation initiale

- Qui est le personnage principal ?

- Où se passe l'histoire ?

- Quand se passe l'histoire ?

- Dans quelle situation se trouve le personnage principal au début de l'histoire ?

Élément déclencheur

- Quel événement vient changer la situation de départ (danger, obstacle, surprise, nouveau personnage...) ?

Péripéties

- Quel est le problème causé par l'élément déclencheur?

- Que fait le personnage principal pour régler ce problème?

Dénouement

- Le personnage principal réussit-il, oui ou non, à régler le problème ?

- Si oui, de quelle façon ?

- Sinon, pourquoi ?

Situation finale

- Comment se termine l'histoire ?

Nom : ____________________ Date : ____________________

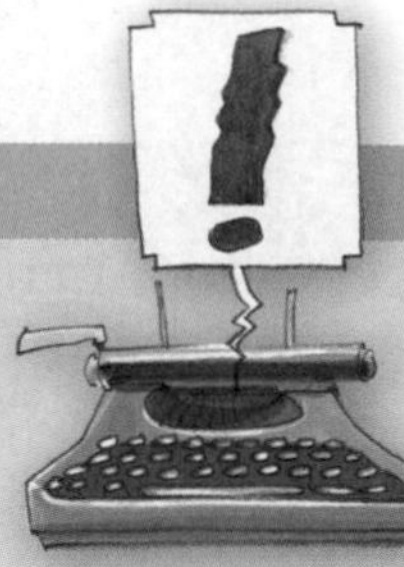

À court d'idées ? Voici quelques suggestions.

- Amina et Cliff écoutent un film. Soudain...
- Gabrielle et Étienne prennent la chaloupe de leur père sans sa permission. Tout à coup...
- Justin prend l'autobus pour aller chez sa grand-mère. Pendant le trajet...

2 Dans l'espace ci-dessous, écris ton brouillon et corrige-le. Ensuite, tu pourras utiliser une feuille pour écrire ton récit au propre.

N'oublie pas de donner un titre à ton récit.

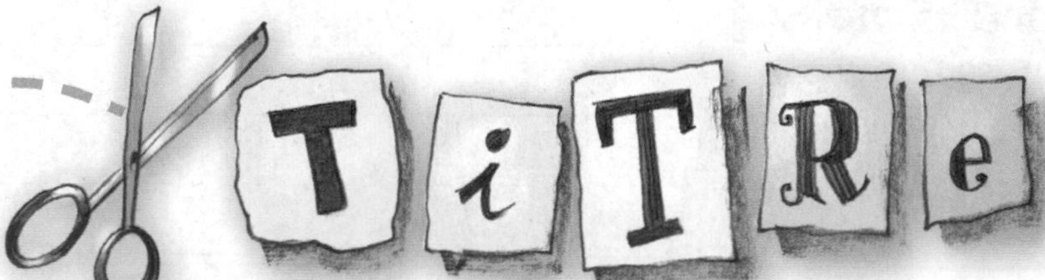